乌合之众

〔法〕古斯塔夫·勒庞／著
赵丽慧／译

中国妇女出版社

图书在版编目（CIP）数据

乌合之众 /（法）古斯塔夫·勒庞著；赵丽慧译.
-- 北京：中国妇女出版社，2017.8

ISBN 978-7-5127-1492-2

Ⅰ.①乌…　Ⅱ.①古…②赵…　Ⅲ.①群体心理学—研究　Ⅳ.①C912.64

中国版本图书馆CIP数据核字（2017）第181998号

乌合之众

作　　者：〔法〕古斯塔夫·勒庞　著
译　　者：赵丽慧　译
责任编辑：宋　罡
责任印制：王卫东
出版发行：中国妇女出版社
地　　址：北京市东城区史家胡同甲24号　**邮政编码：**100010
电　　话：（010）65133160（发行部）　65133161（邮购）
网　　址：www.womenbooks.cn
法律顾问：北京天达共和律师事务所
经　　销：各地新华书店
印　　刷：三河市明华印务有限公司
开　　本：145×210　1/32
印　　张：6.25
字　　数：130千字
版　　次：2017年8月第1版
印　　次：2019年10月第8次
书　　号：ISBN 978-7-5127-1492-2
定　　价：36.00元

目 录

第一卷 群体心理

第二卷　群体的观点与信念

第三卷　不同群体的分类和描述

序

在本书中，我们要研究的是群体的心理特征。

遗传会赋予个体其种族的某些共同特征，而这些共同特征则构成了该种族的心理特征。但我们的研究结果表明，当这些个体因某种行为而聚集到一起的时候，他们的聚集行为会产生一种新的心理特征并叠加到种族特征之中，但是这些新的心理特征有时又与他们的种族特征大相径庭。

在人们的生活中，有组织的群体总是发挥着重要作用，但是这种作用从未如此重要过。当今世界的主要特征之一就是，个体的意识行为已被群体的无意识行为所取代。

我已尽我所能地尝试用一种纯科学的方式，即在不受到其他观点、理论和学说影响的情况下，努力找到一种方法来研究群体所体现出来的难题。我相信，尤其是在当前这种情况下，也就是在应对大家都十分关注的问题时，这种方法是发现真理的唯一方式。如果一个科学家想要验证某种现象，那么他就不应该考虑他的验证行为是否会伤害一些利益群体。著名思想家高布利特·德阿尔维耶拉（Goblet d'Alviella）在其最新发表的作品中表示，他并不属于任何一种现代学派，而且就某些结论而言，他有时还会与现代学派持相反意见。我希望本书能得到大家的关注并引起大家的深刻思考。我认为，要想归属于某一种学派，就必然要带有一些偏见或成见。

但我还是要向各位读者们解释一下，为什么大家会发现我从自己的研究中所得出的结论在一开始被认为是不成立的。比如说，在注意到所研究群体的极度自卑心理之后，我为什么还是会肯定地说：尽管群体极度自卑，但是干涉他们的组织还是非常危险的。

其原因在于，通过对历史真相的细致研究，我始终发现，社会组织在各个方面和所有的生命体一样复杂，我们没有任何权力强迫他们经历那些出乎意料而又影响深远的转变。有时候，自然会采取一些激进措施，但其方式绝不落后于我们，这说明对于一个民族而言，最重要的就是对重大变革的狂热，而无论这种变革在理论上看起来是多么精妙。只有当突如其来地改变某一民族的特征时，这些变革才是有用的。但是，只有时间才有这种力量。人总会受到思想、情绪和习俗的支配——这些事情就是我们自身的本质所在。而制度与法律则是我们性格的外在表现，它们都是我们需求的表达。因此，制度和法律无法改变我们的性格。

如果要研究社会现象，那必须不能忽视那些造成这些现象存在的民族。从哲学的角度来看，这些现象可能具有绝对价值；但在实践中，它们仅具有相对价值。

因此，在研究社会现象时必须依次考虑到它截然不同的两个方面。于是我们就会看到，纯粹理性与实践理性的学说往往是背道而驰的。而且，这一区别几乎可见于所有的数据，甚至是物理规律之中。从绝对真相的观点来看，立方体和圆都是恒久不变的几何图形，而且它们也都有严格的公式定义。但是从这些几何图形在我们眼中所留下的印象这一角度来看，它们又可以被看作各种各样的不同形状。通过透视观察，一个立方体可以转变成一个棱锥或者一个正方形，而一个圆又可以转变成一个椭圆或一条直线。而且，对于这些虚假形状的考虑远比这些真实形状的考虑更加重要，因为我们所看到的以及我们通过摄影或图片所复制出来的正是而且也只有这些虚假图像。

在某些情况下，虚假比真实包含了更多的真相。如果要以其准确几何形式来呈现物体，那么可能会毁灭其物质的本质或者导致物体变得无法辨认。想象一下，如果我们生活在一个只能复制或拍摄物体但却无法触碰物体的世界中，人们将很难获得关于物体形式的准确观点。而且，关于这一形式的知识只有少数人才能了解，因此这种知识的存在便没有了重要意义。

研究社会现象的哲学家应该牢记，实践价值与这些理论价值是同时存在的，而且就文明的演变而言，实践价值才是至关重要的。认识到这一事实之后，他们应该会非常谨慎地对待逻辑最初强制他们所得到的结论。

除此之外，还有很多的其他动机也导致了他们的这种保留态度。社会事实是非常复杂的，我们无法从整体上把握它们并预知它们的相互影响会产生怎样的作用。而且看起来，这些可见事实的背后有时会隐藏着成千上万的不可见原因。可见的社会现象好像是大量无意识作用的结果，而这种结果通常已超出我们的分析范围。我们可以把看得见的现象比喻成海浪，而这些海浪就是海底深处我们未知事物在海面上的表现。就他们的大多数行为而言，群体会表现出少见的自卑心理；但是还有一些其他行为看起来是受到了神秘力量的指引。古人将这些神秘力量称为命运、本性或者天意，而我们则称之为死神之音，尽管我们会忽视它们的存在，但它们的力量却是不容小觑的。有时候，这种力量就像一些民族的内在潜力一样为他们指引方向。比如说，还有什么是比语言更加复杂、更富有逻辑和更加绝妙的吗？但是，如果不是群体无意识天赋的产物，这种美好而又有组织性的产物又来源于何处呢？

学识渊博的学者和受人尊敬的文法家能做的也就是记下语言法则罢了，因为他们完全没有能力创造语言。即便是伟人的思想，我们能确定这些想法完全是出于其本人吗？毋庸置疑，这些想法都是个体的思考成果，但是，不正是群体的天赋特征为个体的大脑拂去了尘土，并为他们的思想提供了赖以生存的土壤吗？

无疑，群体总是无意识的，但是这种无意识或许正是他们的秘密力量之一。在自然界中，那些只受本能控制的生命体所完成的那些壮举的复杂程度往往令我们感到震惊。理性是人类近年来才具备的一种属性，而且对于向我们揭露无意识法则而言还尚不完美，所以还需要进一步发展才能获得其地位。在我们的所有行为中，无意识所发挥的作用是非常巨大的，而理性所发挥的作用是非常小的。无意识就像是一种不为人所知的力量。

那么，如果我们希望能留在学科与知识之间的狭窄但却安全的界限之内，而不想陷在模糊的推测和苍白的假设之中，我们要做的很简单，就是注意我们身边的这些现象，并将我们自己限制在这些考虑之内。一般说来，我们从研究中所得出的每一个结论都不够成熟，因为在这些现象背后，我们可以清楚地看到其他我们还尚不明了的现象，而且或许这些现象背后还隐藏着我们并未察觉到的其他现象。

引言: 群体的时代

提要: 当今时代的演变/文明的巨大变革是民族思想改变的结果/群体力量的现代信仰/它转变了欧洲国家的传统政治政策/大众阶级是如何兴起的, 以及他们行使权力的方式/群体力量的必然结果/除了破坏性作用以外, 群体无法发挥其他作用/旧文明的解体就是群体作用的结果/对群体心理的普遍忽视/研究立法者和政治家群体的重要性

乍看之下, 文明变更之前的大动荡, 比如罗马帝国的覆灭和阿拉伯帝国的建立, 似乎更多的是通过政治改革、外敌入侵或朝代更迭完成的。但是关于这些事件的细致研究表明, 在表面原因之下, 真正的原因是人们观念的巨大转变。真正的历史动乱并不是那些以壮观和暴力景象让我们为之惊叹的事件。文明更新过程中仅有的重大变化就是, 受其影响的观念、理念和信念的变化。那么, 令人难以忘记的历史事件就是人类思想中看不见的变化所产生的看得见的

影响。这些事件之所以如此罕见的原因在于，人类所具备的最稳定属性就是其世代相传的思想根基。

当今时代是人类正经历思想转变的重要时期。

这种转变包含两个基本要素：第一个要素是，我们文明的一切所根植其中的宗教信仰、政治信仰和社会信念的毁灭。第二个要素就是，现代科学和工业发明所创造的全新生存条件和思想条件。

尽管过去的观念已经被毁灭，但它们仍然十分有力，而且将它们取而代之的观念仍在形成过程中，因此当前的这个时代是一个充满转变而又混乱的时期。

到现在为止，这种混乱的时期最终会演变成什么样子还很难有定论。在建成继承我们自己意愿的社会之后，其基本观念会是什么呢？目前，我们对此尚不可知。但有一点非常明确，那就是无论未来社会的组织法则是什么，都必须要考虑到现代幸存的主权，那就是群体的力量。在以前被视为没有讨论余地的许多观念的废墟之上，以及在当今许多连续革命的根源历经沧桑或一度腐烂并已遭到破坏之后，这种力量已成为它们的替代品，而且看起来注定要将它们全部吸收。虽然我们的古老信念摇摇欲坠且正在慢慢消失，虽然社会的老一辈中流砥柱正逐渐放弃，但是群体的力量却是唯一不存在恐吓的力量，而且其声望还在继续提高。然而，我们将要进入的时代才是一个真正的群体时代。

在一个世纪以前，仅仅是欧洲国家的传统政策以及君主之间的竞争就构成了事件的主要因素。大众的观点几乎没有任何作用，而且常常是毫无影响。而现如今，以往没有影响力的政策传统和统治者的个体倾向以及竞争对手都发挥了重要作用；与以往相反，大众的声音已经开始凸显出其优势。而正是这种声音让他们的国王认真聆听他们的意见。目前，民族的命运掌握在大众手中，而不是君主议会的手中。

大众阶级进入政治生活——也就是说，他们在现实中转变成统治阶级——是我们所在这个转变时代的最显著特点。

自引入普选权以来，这种制度已实施了很长一段时间，但是其影响却微乎其微，因此或许并不像人们所想的那样，普选权并不是政治力量转移的特征。民众权力的渐进式增长首先发生在某些观念的传播之时，随后慢慢植入到人们的思想之中，然后通过个体的逐渐联合而实现理论设想。通过个体的联合，群体会获得关于他们的信念，而且如果不是特别不公正的话，这些利益的定义就会非常明确，然后群体就会意识到他们的力量。

在权力一个个逐渐崩塌之前，民众已相继成立了多个集团；他们还创办了工会，而且这些工会不顾及所有的经济法规定而执意要调整工人的劳动条件和薪资水平。另外，他们还回到了议会，议会虽然负责为政府授权，但其议员却完全缺乏自主性和独立性，因而常常成为民众在委员会中的发言人。

如今，民众的要求变得越来越清晰且明确，而且这些要求完全不亚于完全摧毁当今现存社会的决心，他们的目的是回到原始共产主义，即文明破晓之前所有人类群组的正常状态。其中，这些要求包括，劳动力工作时间的限制和矿井、铁路、工厂和土地的国有化、所有产品的平均分配，以及为大众阶级的利益而消除上层阶级。

而与之相反的是，不适应于理性思考的群体很快就采取了行动。因此，他们便形成了现在的组织并拥有了巨大的力量。而且，那些在我们的见证之下所发展形成的教条将很快具备那些古老教条的力量；这种力量就是，没有任何讨论余地的残暴专横与至高无上的力量。不久之后，君权神授将要被民权神授所取代。

深受中产阶级青睐的作家很好地展现了他们有些狭隘的思想、稍显刻板的观念、相当肤浅的怀疑主义，而且他们有时还会表现出过度的利己主义，而面对这种新力量的兴起，那些作家们不免为之忧虑与惶恐；而且为了消除人们思想混乱的局面，他们在绝望中转而求助于之前所蔑视的宗教的道德力量。他们跟我们谈论科学终将破产，让我们忏悔并提醒我们真理的教诲。

但是这些新的皈依者却忘记了，所有的这些都为时已晚。如果他们真的曾被上帝的恩典感动过，类似的做法不可能会对民众产生相同的影响，因为他们并不关心这些新的宗教皈依者所面临的困境。今日的民众否定了他们昨日所想向其告解的神明，而且还为摧毁他们贡献了一己之力。无论是牧师还是普通人，他们都没有力量迫使时光倒转并让人们的思想变回从前。

在目前的知性混乱或在混乱中萌芽的新力量的形成过程中，科学并没有破产，而且科学界也不用为此而承担责任。科学为我们带来真理，或者至少为我们带来了我们智力所能掌握的相关领域的知识；

科学从未承诺过为我们带来和平或幸福。科学自视清高地对我们的感受漠不关心，对我们的哀歌充耳不闻。我们要努力与科学共生，因为没有什么能够将已经被毁灭的幻想复原。

虽然各民族都能看到的普遍征兆向我们表明了群体力量的快速增长，而且不容许我们假定这种增长注定要在不久之后就停止。无论我们将要面对什么样的命运，我们都必须服从。而且，所有关于这一点的理性思考都不过是一场白费力气的争论罢了。当然，群众力量的出现有可能会标志着西方文明进入最后的阶段之一，然后完全返回到困惑和混乱似乎总是领先于新社会诞生的那些时期之中。但是，这种结果是可以避免的吗?

到目前为止，这些对衰败文明的彻底摧毁已经成为民众最主要的任务。事实上，我们并非直到今天才能追踪到这些蛛丝马迹。

历史告诉我们，自从文明赖以栖息的道德力量失去优势的那一刻起，那些被言之有理地称之为野蛮人的无意识残忍群体最终将会导致其群体的解体。至今，文明仍仅由少量的知识贵族所创造并受其指导，文明的主人从来就不是群众。群众仅在毁灭文明时才能发挥作用，而且他们的规则总是等同于野蛮人阶段。一种文明涉及固定规则、秩序、从本能到理性的过渡、为未来的深谋远虑以及文化的发展程度——群体已表明，他们无法实现所有的这些条件。由于他们力量中纯粹的破坏本性的存在，群体的表现就像那些可加快虚弱或死亡身体分解的微生物一样。当文明的结构开始溃烂，民众总能让其走向最终衰败。正是在这样的时刻，他们的主要任务显露无遗，而且也是在这个时候，数字哲学暂时成为唯一的历史哲学。我们的文明是否也面临着同样的命运？在这种情况下，我们有理由为此担心，但是到目前为止，我们还不能确定。

不管情况如何，我们必然要服从于民众的统治，因为缺乏远见已经使得我们连续推翻了可能对群体有控制作用的所有障碍。

对于大家所讨论的对象，我们对这些群体的了解少之又少。在生活中与群体相去甚远的心理学专业的学生总是会忽视他们，而且近来他们也已将注意力转移到他们所认为的犯罪群体的犯罪方向上去了。毫无疑问，犯罪群体是存在的，但是我们也会遇到一些高尚且英勇的群体以及其他种类的群体。群体的犯罪行为仅构成了他们心理的一个特殊方面。我们不能仅通过对群体的犯罪行为研究来了解群体的心理构成，因为这无异于通过个体的缺点来了解一个个体。

然而事实上，世界上所有的领袖人物、所有宗教或企业的创始

人、所有有信仰的教徒、杰出的政治家，以及较小范围内所有群组的负责人，他们都是无意识的心理学家，他们都拥有一种本能，而且他们也非常了解群体的特征，而他们对群体特征的准确了解又使得他们能够轻易地确立他们在群体中的领导地位。

拿破仑对于其所管辖国家民众的心理有着非常深刻的洞察力，但是有时候他却完全误解了其他种族的群体心理；正是因为他的这种误解才导致他在西班牙，尤其是在俄国遭遇了军事重创，而且这种重创注定是无法在较短时间内恢复的。现今，对于不愿意管理群体——越来越变成了一件非常困难的事——但无论如何又受到群体限制的政治家而言，对群体心理的了解成为他们最后的资源。

只有深刻洞悉群体心理，才能理解法律和制度对他们的约束是多么苍白无力；才能理解除了强加给他们的意见以外，他们几乎没有能力提出自己的意见；而且要想领导他们，就不能以基于纯粹公平理论的规则条例来实现，而是要找出什么能给他们留下印象以及什么才能引诱他们。比如说，如果一位立法者希望征收一项新税，他的这种选择从理论上来说是否公平公正呢？答案是否定的。实际上，对于大众而言，最不公平的或许就是最好的。与此同时，如果所征新税并不会明显加重大众的生活负担，那么这种结果是最容易接受的。因此在这种情况下，即使过于昂贵，民众也总会愿意缴纳这种间接税，因为每天为消费品支付少量税款并不会影响他们的生活习惯，而且这种税项也不容易被察觉。

但是，如果是换成对工资或任何收入征收比例税，而且民众需要为此支付较大金额，那么从理论上来说，即便比其他的征税价格要低十倍，这种新税也会引起大家的一致抗议。这是因为，较高的税费显然是非常昂贵的，而且因此会打击人们的消费力，因而会被无意中的小额税费所取代。虽然小额税费看起来负担较轻，然而累积起来其金额也是非常可观的，但是这种经济过程会涉及民众所无法做到的对金额的预算。

上面的例子非常简单，但同时也非常恰当。虽然拿破仑这样的人注意到了这一点，但是由于在群体特征方面的无知，我们的现代立法者并没有理解其中的深意。他们目前所掌握的经验并不足以让他们领悟到，人们的行为从来都不是建立在纯粹理性之上的。

此外，群体心理学还有很多其他的应用实例。掌握了这种科学知识以后，我们能够更加生动地理解众多原本无法理解的历史和经济现象。同时，我觉得有必要在此解释一下，最杰出的现代历史学家泰纳[①]（Taine）为什么不能充分理解法国大革命的系列事件，其原因就在于他从未研究过群体的天赋特征。在对这一复杂时期的研究中，他将其天赋特征视为自然学家的描述方法；但是自然学家所研究的现象中是缺乏这种道德力量的。然而，正是这些力量构成了历史真正的主要动力。

因此，仅从其实际意义来看，群体心理学的研究是值得尝试的。

---

① 泰纳（1828—1893），19世纪法国最杰出的思想家之一，普法战争后对法国的社会和政治制度作过深刻反省，主要著作有《论知识》《艺术哲学》《当代法国的起源》《旧制度》等。

尽管只是出于纯粹的好奇，这种研究也是值得注意的。破译人们的行为动机就像是确定一种矿物质或一种植物的特征一样有趣。我们对于群体天赋特征的研究仅仅是一个简单的概括，仅仅是对我们研究成果的汇总。因此，我们的研究仅作为提示性观点供大家参考，当然其他人士也会继续对这一领域进行深入研究。到目前为止，我们的研究也只不过是触到了这块未开垦土地的表面罢了。

第一卷　群体心理

第一章　群体的一般特征——群体精神统一的心理定律

提要：从心理学角度来看群体的构成/由多个单独不成群个体组成的聚合体不足以形成一个群体/群体心理的特殊特征/构成群体个体的思想和情感在固定方向上的转变，以及他们人格的消失/群体总是会受到无意识思想的支配/大脑活动的消失以及思维活动的优势/智力的下降和情感的完全转变/与构成群体的个体相比，转变后的情绪可能会更好或更坏/群体很容易成为英雄主义群体，或者成为犯罪群体

就其普通意义而言，“群体”一词的意思是各种各样的个体聚集到一起，无关他们的民族、职业或性别以及他们聚到一起的缘由。但是从心理学的角度来看，“群体”一词的概念则与其普通意义截然不同。在某些既定条件下，而且仅在这些情况下，个体所构成的集群会表现出不同于个体行为的新特征。

在这个集群中，所有人的情感和思想会选择一个相同的方向，而

且他们的意识人格将逐渐消失。如此一来，集群中的个体便形成了一种集体心理，虽然其持续时间无疑是非常短暂的，但是这种特征的表现却是非常明确的。因此，由于暂时也没有更好的说法，我便将个体的这种集群称为组织化群体。或者说，如果可以的话，也可以称之为心理性群体。这种心理性群体是一种单一的存在，而且也属于群体精神统一定律之一。

许多个体都是在意外情况下聚集到一起的，但是很明显，他们并不仅仅因为这一事实而获得了组织化群体的特征。从心理学的角度来看，如果没有确定的目标，即使有成千上万的个体聚集到同一个公共场所，他们也不会形成一个群体。如果群体要获得这样的特征，就必须受到某些诱因的影响。接下来，我们要做的就是确定这些诱因的属性。

意识人格的消失以及感觉和思想朝向一个确定方向的转变是群体成为组织化群体的主要特征之一，但是其中并不总涉及多个个体同时出现在同一处。在某些时候，以及在某些暴力情绪——比如民族大事件的影响下，成千上万的独立个体可能会因此而获得心理性群体的特征。在这种情况下，一个偶然的机会便足以让他们聚集到一起并做出具备群体独有特征的行为。在某些情况下，少数个体就可能会构成一个心理性群体，但是偶然间聚集到一起的上百个个体却不一定能构成一个心理性群体。在另一方面，对于整个民族而言，尽管他们不会表现出如此明显的聚集行为，但是在某些行为的影响下，他们也会形成一个群体。

心理性群体一旦形成，它就会获得某些暂定但却具有决定性的一般特征。除了这些一般特征之外，群体还会获得因为组成元素的不同而获得的一些特有的特征，并且这些特征还有可能会改变其精神结构。因此，心理性群体是很容易分类的；而且当我们在为群体分类的时候，我们应该看到异质群体——由相异元素构成的群体——会表现出与同质群体——由或多或少同类元素（教派、等级和阶级）所构成的群体——相同的特征，而且除了这些共同特征以外，我们还可以根据两种群体各自的特有特征将他们区分开来。

但是，在开始研究不同类别的群体之前，我们必须首先研究一下他们的共同特征。我们应该像自然学者那样，从描述一个科内所有种类生物的一般共同特征开始，然后再将该科中属和种区分出其特有特征。

要想准确描述群体的心理并不是一件易事，因为群体组织不但会因为其种族和构成的不同而不同，而且还会因为其激发原因性质和强度的不同而不同。然而，个体的心理研究也存在同样的困难。如果有个体能度过其一生而保持性格不变，那么这种个体应该只存在于小说之中。只有环境一致才能创造出明显的性格一致性。我曾在其他地方表明，所有的心理结构都包含着可能因环境的突然改变而表现出某种性格的可能性。这一点就解释了为什么人们会发现法国的国民公会会议中最暴力的人在他们平时的生活中竟然都是无害的公民，他们都扮演着温顺的司法人员或者正直的地方法官的角色。在暴风雨过去之后，他们便回归到以前安静、守法的正常生活，回到作为拿破仑最忠诚仆人的角色。

由于对群体组织进行逐一研究是不可能的，因此我们应该更多地关注那些已经达到完全组织化的群体。通过这种方式，我们将看到群体可能会变成什么样子，而不是他们始终是什么样子。只有在组织化的高级阶段，某些新的以及特定的特征才会叠加在种族那些一成不变的主导特征之上；然后就会发生我们之前所暗示的那种转变，即群体的所有感受和思想都会向同一个方向发展。

而且，只有在这种情况下，我在上文中所述的群体精神统一的心理学法则才会发挥作用。

在群体特征之中，有些特征与独立个体的表现无异，而有一些则截然相反，这些就是群体所独有的特征，而且只有在这种集体中才能见到。为显示它们的重要性，我们首先应该研究的就是这些特征。

心理性群体所表现出来的最显著特征如下：无论组成群体的个体是什么人，无论他们的生活方式、他们的职业、性格、智力水平是相似或相异，他们已转变成一个群体这一事实让他们具备了同一种集体心理，而这种集体心理则使他们的感受、思想和行为方式与其作为独立个体时的感受、思想和行为方式有着很大的不同。如果个体没有形成一个群体，那他们就不会形成某些思想，或者就不会转变他们的行为。心理性群体是异质元素的暂时性存在，而且是临时组合在一起的，就像是构成生命体的细胞重聚后组成了一种新的存在并展示出了不同于每个细胞的特殊特征。

与人们对如赫伯特·斯宾塞①（Herbert Spencer）一样著名哲学

① 赫伯特·斯宾塞（1820—1903），英国哲学家、社会学家，被称为"社会达尔文主义之父"。

家的发现感到震惊的观点相反，构成群体的集体之中并不存在任何概括性元素或其平均影响。然而真正的事实是，这些新特征在形成之后进行了组合，就像是某些化学元素——比如酸和碱相互接触后发生反应一样，比如说，这些元素组合形成了一种新的物质，而且这种物质的特性与成分所具备的特性却大相径庭。

要证明由个体组成的群体与独立个体的不同并不困难，但是要找到引起这些不同的原因却并非易事。

为了对这些方面有些许了解，我们有必要先回忆一下现代心理学确立的真理，即无意识现象不仅在有机生命中占据压倒性优势的地位，而且在智力活动中也发挥着同样的重要作用。与其无意识生活相比，精神的有意识生活就没有那么重要了。即使是最精明的分析家和最著名的观察家，他们也只能观察到少量决定他们行为的无意识动机。我们的意识行为大体上是遗传性影响在大脑中所建立的无意识基质的产物，而这种基质则是由构成种族天赋特征的代代相传的无数共同特征组成的。毋庸置疑的是，除了我们行为的公开原因以外，还存在一些我们没有公开的秘密原因，但是在这些秘密原因之后，我们还忽略了很多其他的秘密。生活中，大多数日常行为都是我们研究中所忽略隐藏动机的作用的结果。

就构成那些所有个体所属种族天赋特征的无意识元素而言，个体与群体在这方面尤其相似，同时这些无意识元素也是他们性格中的主要部分——教育的产物，然而更是遗传的特殊情况——他们最终成为不同的个体。在智力方面存在差异的人与人之间的本能、感情和感受非常类似。在所有事情都属于感情范畴内的时候——宗教、政治、道德、喜爱以及反感等——即使是最杰出的人也很少能达到最普通个体的标准。从智力的角度来看，伟大的数学家及其靴匠之间可能存在着巨大的差异，但从性格角度来看，这种差异可能会非常小，甚至不存在。

我认为，正是种族中正常个体无意识力量所控制的这些性格中的一般品质——且在同一程度级别——构成了群体的共同属性。

在集体心理中，个体智力天资的减弱也导致了他们个人特征的减少。因此，个体的异质被群体的同质所淹没，而且无意识品质也占了上风。

群体在整体上拥有普通品质的这一事实解释了他们为什么从未完成过需要高等智力参与的行为。由一些知名人士而非各行各业专家所做出的影响整体利益的决定，不一定会明显优于低能者所采用的决定。事实是，对于同样的工作，他们只能通过每个个体与生俱来的普通资历去完成。而对于群体而言，他们中所累积的是愚蠢而非天资。但是，并非像人们常说“三个臭皮匠顶个诸葛亮”那样，但如果我们把“所有人”理解成群体的话，诸葛亮确实比所有的人都更具有智慧。

如果群体中的个体仅限于将他们的普通资质结合在一起的话，那他们只会得到平均的平庸资质，而不是我们所说的，会在实际上创造出新的特征。这些新特征是如何形成的呢？这就是我们现在要研究的问题。

不同的原因造成了群体，而非独立个体所具备的这些新特征的表象。第一个原因就是，构成群体的个体在考虑事情时从数量方面出发，他们会感受到一种无敌的力量并因此而形成一种本能，但当他们独自一人时就必须努力克制这种本能。这时候，个体将不情愿地从另一种角度来审视自己：群体是无名的因此也无须承担责任，然后一直控制着个体的那种责任感便完全消失了。

第二个原因就是传染，它决定着群体特殊特征的表现，同时也决定着群体的发展趋势。

传染是一种现象，要确定其存在并不难，但是要想对其加以解释就没有那么简单了。因此，我们必须把这种现象归类到我们稍后将要研究的催眠性现象之中。群体的每一种情感和行为都属于传染的一种，而且个体在受到传染后很容易会为集体利益而牺牲个人利益。这种能力有违个体的本性，而且除非作为群体的一部分，否则一个人很少能做到这一点。

第三个原因，也是到目前为止最重要的原因，决定了群体中个体的特殊特征，而这些特征有时会与独立个体所表现出来的特征截然相反。此外，我在这里指的是，其暗示性不过是上述传染的一种影响罢了。

为理解这种现象，我们有必要借鉴心理学领域的一些近期科研成果。现在我们知道，通过各种各样过程，个体可以被带入这样的情境：完全失去个人意识，听命于使其丧失人格的操纵者的一切建议，并做出与其性格和爱好完全矛盾的行为。最细致的观察似乎证明了，长期沉浸于群体行为的个体很快会发现他自己——无论是因为群体的磁场影响，还是被我们所忽视的其他原因——处于一种特殊状态，而这种状态十分类似于个体在被催眠的情况下所表现出来的一种入迷状态。在这种情况下，被催眠者的大脑被麻痹了，而且他本人也成为听命于催眠者指示的无意识思维活动的奴隶。这时，被催眠者的无意识人格完全消失，并最终将丧失辨别能力。然后，其所有的感觉和思想都会朝着催眠者决定的方向发展。

这种状态与构成心理性群体的个体也十分相近，因为这种个体对其行为也不再有意识。在这种情况下，就像是催眠对象一样，在某些能力遭到破坏以后，个体的其他能力会大幅度提升。

在暗示的影响下，个体将会在不可抵抗的冲动的支配下完成某些行为。相较于被催眠者而言，这种冲动对于群体中的个体而言是更加不可抗拒的，因为这种暗示对于群体中的所有个体都是相同的，在相互作用下其影响效果会更加强烈。在群体中，有些个体可能会具备强大到足以抵抗这种暗示的人格，但是当前这种个体的数量少之又少。在最大限度下，他们也只能尝试通过不同的暗示来分散自己的注意力。比如说，通过这种方式所迅速诱发出来的一个愉快的表情或一时的想象偶尔会制止群体的弑杀行为。

然后，我们会看到，在暗示和传染的影响下，个体的意识人格会消失而无意识人格会变得显著，个体的感受和思想会转向相同的方向，而且受到暗示的思想会趋向于转变成行为；我们所看到的这些就是形成群体的个体的主要特征。这样的个体不再是他本人，而变成了一个不再受其意愿引导的机器人。

而且，通过成为组织化群体的组成部分这一不争的事实，一个人的文明等级就会下降好几个梯度。作为独立的个体，一个人可能会是一个有教养的个体；而在一个群体中，他就是一个野蛮人，即一个依据本能行动的动物。他拥有自发性、暴力、残暴以及原始存在的热情与英勇，而且他趋向于允许自己被文字和图像所打动——这可能对构成群体的独立个体的行为完全没有作用——并在引诱下做出与其明显的利益及知名的习惯相矛盾的行为。群体中的个体就像是一堆散沙中的一粒沙子，随风飘散。

正是因为这些原因，我们才看到，陪审团所做出的决议往往并非每个个体的本意，而且议会所通过的法律和措施也没有获得其成员的个人支持。分开来考虑，法国国民议会中的人本来都是崇尚和平的开明公民，但是当他们形成一个群体之后，他们便毫不犹豫地支持起最野蛮的提案、支持将显

儿童十字军

然无辜的人送上断头台，并且会违背他们的利益，放弃他们神圣而不可侵犯的权利并自相残杀。

群体中的个体不仅在行为上与其群体本质上存在不同。即使是在完全丧失其自主性之前，他的思想和感受也经历了转变，而且这种转变的影响也深远至足以导致其性情发生巨大的变化。比如从守财奴变成败家子，从怀疑论者变成信徒，从诚实的老实人变成罪犯，从胆小鬼变成英雄。1789年8月4日晚上，贵族们[①]在气氛热烈的庆典上宣布放弃他们的一切特权，而以他们个人的考虑而言，他们每个人都不会做出如此决定。

从上述问题我们可以得出这样一个结论：群体在智力方面总是劣于其独立个体，但是从群体所引发的个体感受和行为的观点来看，

① 勒庞在此指的是法国贵族，亦指法国革命时期的国民议会。——编者注

根据不同的环境，群体可能会优于或劣于其个体。所有的这一切都取决于群体所暴露出来的暗藏的性质。之前仅从犯罪观点研究群体的那些作家就完全误解了这一点。毫无疑问，群体通常都是犯罪性的，但英雄性群体也是同样存在的。我们要明白的是，群体而非个体可能会受到引诱而冒着生命危险来保证其信条或观念获得胜利，会因光荣和荣誉而放弃自己的地位，会在几乎没有任何军粮和武器的情况下，就像是在十字军东征的时代一样，从异教徒的手中夺回坟墓，或者像1793年①那样保卫祖国疆土。无疑，这种英雄主义在某种程度上都是无意识的，但是正是这些才构成了历史。如果人们生来只会以冷血的方式践行伟大的行动，那么这个世界的编年史中对于他们的记录将只会剩下只言片语。

① 在1793年1月对路易十六执行死刑之后，国民议会统治了法国，并对英国、荷兰和西班牙宣战。——编者注

第二章　群体的情感与道德

提要:

1.群体的冲动、多变和易怒。群体受所有外部原因的支配并反映出不断变化/群体服从于冲动，而其冲突则十分专横以至于抵消了其对个人利益的感受/群体中并不存在预谋/种族的影响

2.群体的轻信和易受暗示。群体对暗示的服务/群体将头脑中激发出来的图像当成现实并就此接受/为什么这些图像对于构成群体的个体都是相同的/群体中受教育的人和无知的人都是平等的/群体中可对个体起到支配作用的幻想的实例/群体对证据保持一致信念的不可能性/多数见证人的一致同意是用以确定事实的最坏证明

3.群体情绪的夸张与天真。群体中不允许存在怀疑与不确定性，而且往往会走向极端/他们的情感总是过于丰富

4.群体的狭隘、专横和保守。出现这些情感的原因/群体在面对强大权威力量时的奴性/群体一时的革命本能不能阻止他们极端地走向保守主义/群体对改变和进步的敌意是一种本能性存在

5.群体的道德。群体依据他们所接收到的暗示而做出行

为，他们的道德感相较于构成群体的个体要低得多或高得多/解释说明与实例/群体很少会受到他们根据作为独立个体的专属动机而做出的利益考虑的引导/群体的道德化角色

在大体介绍了群体的主要特征之后，我们要对这些特征进行详细研究。

我们会注意到，在群体的这些特殊特征中，有一些特征——比如冲动、易怒、不理智、缺乏判断力与批判精神、情感的夸大和其他特征，存在于较低等级的进化形式——比如女性、野蛮人和儿童中。我只是顺便表明这种类推，但是这种推理正确与否的验证并不属于本书范畴。而且，对于了解原始生命体心理的人而言，这部分研究也毫无作用，而且不了解此事的人也不会信服我在这里的一面之词。

接下来，我将依次为大家介绍大部分群体可能具备的不同特征。

1. 群体的冲动、多变和易怒

在研究群体的基本特征时，我们曾说过群体的特征几乎完全由无意识动机所支配。群体的行为更多的是受脊髓神经而非大脑的影响。在这方面，群体与原始生命体是非常相似的。就群体的执行动作而言，他们的行为可以非常完美，但由于他们并非由大脑所支配，因此个体的行为取决于偶然发生的激发原因。群体受所有外部激发原因的支配，并通过不断变化对他们做出反应。因而，可以说群体是其所接收到的冲动的奴隶。作为群体的一员，独立个体也可能会服从于

相同的激发原因，但是他的大脑会向他表明这种行为的失策性，所以个体会克制其服从行为。从生理学角度来看，这个真理可以表述为：独立的个体拥有支配其反射作用的能力，而群体则不具备这种能力。

根据激发原因的不同，群体可能会服从于不同的冲动，无论这些冲动是慷慨的或残酷的，是英勇的或怯懦的，但是他们将始终如此专横，以至于个体的利益，甚至是自卫本能都无法支配他们。激发原因会导致群体行为的多变，而且群体也会始终听命于这些诱因，因此群体是极其多变的。这就解释了我们为什么会看到他们可以在一瞬间从嗜血而又残忍凶暴的一面变成最极端慷慨而又英勇的一面。一个群体很容易成为刽子手，但是也可能成为一群烈士。为了赢得信仰的胜利，群体可以不惜付出血流成河的代价。而且，如果想要见到群体的这种行为，我们也不必追溯到英雄时代。

在暴乱之中，他们从不吝惜自己的生命。就在不久前，一位将军[1]突然赢得了民众的爱戴，而且成千上万的人都已经准备好为其牺牲自己的生命。

因此，群体不可能表露出任何的预谋。他们可能会连续受到极度对立情绪的煽动，但是他们将始终受到当时激发原因的影响。他们就像是受到暴风雨的狂虐而四散飘零的树叶，最终将归于泥土。

---

① 一位将军，指布朗热将军。

在后期研究某些革命群体的时候，我们将举一些表明群体情绪多变的例子。

群体的多变性使得他们难以管辖，尤其是当他们掌握了某些公共权威的时候。如果日常生活的必要性没有构成一种无形的监管，那么民主也不可能会持续很久。尽管群体的愿望十分狂热，但是这些愿望仍不会长久，因为群体既没有能力，也没有意愿为任何事做长久打算。

群体并不仅仅是冲动的，也是多变的。就像是一个野蛮人一样，群体并不准备承认任何事都或成为其欲望和欲望实现之间的阻碍。由于感觉到人多势众所赋予的不可抵抗的力量，所以群体没有能力理解这种阻碍。

对于群体中的个体而言，不可能的概念已然消失。独立的个体非常了解，他一个人无法火烧宫殿或洗劫商店，而且如果他尝试这么做的话，他也会很容易就克制住这种意图。在成为群体的一部分之后，他会意识到群体中所给予他的力量，而且这种力量足以让他萌生出利于克服抑制其进行谋杀或掠夺的念头。而且，狂热的暴怒将摧毁所有意料之外的障碍。如果人类有机体允许存在永恒的狂怒激情，那么可以说，群体阻碍了其愿望的正常状态，就是这种狂怒的激情。

种族的基本特征构成了我们情绪之泉的永恒来源，而且这些特征总是会影响到群体的易怒、冲动和多变情绪，正如影响到我们要研究的大众情绪一样。无疑，所有的群体都是易怒且冲动的，但是大家的情绪波动程度各不相同。比如说，拉丁人群体和盎格鲁—撒克逊人群体之间的差距就非常显著。法国历史上最近发生的一些事实就为我们生动地阐明了这一点。25年前，仅仅是一份关于国家受到羞辱的电报就足以激起民众的愤怒，从而立即会引发一场可怕的战争[①]。多年以后，一份关于国家在谅山[②]（越南）军事战争中一次无关紧要的失败就引发了一场暴动，民众瞬间因此而推翻了政府。而与此同时，英国远征喀土穆[③]的严重失利却仅在英国国内激起了一点儿波澜，而且也没有部门因此被解散。每个地方的群体都具备一些女性特征，但是拉丁人群体的女性特征是最为显著的。只要赢得拉丁人群体的信任，无论是谁，都会迅速获得崇高的地位。但是这种做法是十分危险的，这个群体也总有一天会因此而自食其果。

2. 群体的轻信和易受暗示

在定义群体时，我们说他们的一般特征之一就是过度的暗示感受性，而且我们还表明了暗示在人群中引发传染的程度；这一事实解释了群体这种情感迅速向一个确定方向转变的原因。然而，无论我们认为群体有多么漠不关心，一般来说，群体都处于一种预期注

---

① 勒庞在此所指的是法国普鲁士战争。——编者注

② 位于河内东北部的一个小城，靠近中国；该区域原为法属印度支那的一部分，由法国军事占领并享有经济开发权。——编者注

③ 苏丹的一个城市，位于白尼罗河和青尼罗河交界处。1885 年 1 月 26 日，在经过长时间的围攻之后，迈赫迪军攻占了喀土穆，英国的查尔斯·戈登（Charles Gordon）将军和众多士兵在此阵亡（英国于 1884 年占领喀土穆）。——编者注

意的状态，这时候他们就容易受到暗示的影响。第一次形成的暗示使得群体立即通过一个传染过程而把自己的思想灌输到其他人的头脑之中，然后群体会因其个体情绪的相同方向而立即将这种思想变成既定事实。

正如所有人都会受到暗示的影响一样，进入个体头脑中的思想会自行转变成一种行为。无论这种行为是火烧宫殿还是有关自我牺牲，一个群体中的个体都会亲自参与其中。所有的这一切都取决于激发原因的性质，而在就独立个体而言的情况下，则取决于所暗示的行为以及反对实现这一行为的所有原因之间的关系。

因此，群体会永远徘徊在无意识的边陲地带，迅速屈服于所有的暗示，拥有所有无法上溯至理性影响的生命体所特有的暴力感受，同时失去所有的批判能力，而且除了过度轻信以外再无其他能力。对于一个群体而言，不可能的事是不存在的，而且我们必须牢牢记住这一点，这样才能理解为什么那些最不可能发生的传奇与故事会被创造出来并四处传播开来。

传奇故事之所以能够形成并可轻易在群体中传播，这并不仅仅是群体极度轻信的结果，其原因还在于群众的想象所经历的惊人的异常转变。在群体的观察之下，最简单的事情也很快会变得面目全非。群体以图像的方式思考，而且这种图像自身会立即引出一系列其他图像，但是这些图像与最初的图像却并不存在逻辑联系。我们可以很轻易地设想一下这种情形，我们有时脑海中的一些事实会引出一些奇怪的思想。我们的理性向我们表明，这些图像是不连贯的，但是群体几乎看不到这一事实，而且还会将真实事件与其想象中变形行为所叠加的事件相混淆。群体几乎不会分辨出主观与客观之间的不同。尽管群体脑海中所诱发的图像通常与所观察到的事实不存在显著关系，但群体依然会将这些图像作为事实并接受它们。

看起来，群体曲解其所见证的任何事实的方式是数不胜数且各不相同的，这是因为组成这个集群的个体都有着不同的气质。但是，情况并非如此。由于传染的作用，个体对事实的曲解也是相同的，而且这种情况下在所有组成群体的个体中的表现形式也是一致的。

集群中某个个体对事实的第一次曲解就是传染性暗示的开始。在圣乔治（St. George）出现在耶路撒冷的城墙上并面对所有的十字军之前，在场人中一定有一个人首先感受到了他的存在。通过暗示与传染，由一个人所幻想出来的这种神迹立即就被所有人所接受。

在历史上，这种集体幻觉的机制总是频繁出现——这种幻觉看起来似乎拥有真实性的所有获得认可的特征，因为它们都是成千上万的人所观察到的想象。

为了与前述情况相对抗，我们无法考虑到构成群体的个体的心理构成，因为这种素质并不重要。从个体成为群体一部分的那一刻开始，有学问的人和无知的人一样，他们都不再具备观察能力。

这个论点看似有些矛盾，但为了证明其准确性，我们有必要对大量的史实进行研究，而且就算查阅了万卷书也不一定能达到我们的目的。

但是，由于我不想给读者留下妄下言论的印象，因此我会从大量例子中随便找出几个给大家解释说明。

下列事实是最典型的实例之一，因为这个例子选自受害者群体的集体幻想，而且我们还可以在这个群体中找到各种类型的个体，从最无知的个体到受教育程度最高的个体，范围十分广阔。海军中尉朱利安·菲力克斯（Julian Felix）在其《海流》一书中也曾顺带提到过这一点，而且之前《科学评论》（*Revue Scientifique*）杂志也引用过。

巡洋舰“女神”号（Belle Poule）在公海上巡航，目的是找到之前在暴风雨中失散的巡洋舰“摇篮”号（Le Berceau）。那一天，晴空万里，阳光灿烂，值守船员突然发出信号表示发现了一艘失事船只；船员们共同向其指示的方向看过去，然后所有军官和水手都清楚地看到发出遇险信号的船只拖着一艘坐满了人的救生艇。然而，其实那里什么都没有，这一切都只是幻想。海军上将德斯福斯先生让船员放下一艘救生艇去营救失事的水手。当船员们靠近目标的时候，救生艇水手和军官们看到“许多人都在挣扎着并伸出他们的双手，而且还听到了一阵阵沉闷而混乱的声音”。但是当他们到达目标地点的时候，他们只发现了一些杂乱的树枝，上面覆盖着从邻近海岸飘来的凋零树叶。在如此明显的证据面前，幻觉已不复存在。

在这个例子中，我们可以明确看到本书之前所介绍的集体幻想的作用机制。在一方面，这个例子中有一个处于预期注意状态中的群体；在另一方面，值守船员所发出的关于海上有一艘失事船只的暗示在经过了传染过程之后，被所有的军官和水手们所接受。

群体的人数不一定要很多，因为群体中的人都具备眼睁睁看着正在发生的事情，以及看着事实被与他们无关的事情所取代的能力。一旦几个个体聚集到一起，他们就会形成一个群体，而且就算他们都是饱读诗书的著名学者，他们也会具备所有群体中他们专长以外的所有特征。而且，每一个个体所拥有的观察能力和批判精神会立即消失。一位具有独创性的心理学家——戴维（Davey）先生——为我们提供了一些非常有趣的观点，而且《心理科学年鉴》（*Annales des Sciences Psychiques*）最近也引用了这些观点，因此也值得我们在这里介绍一下。戴维先生召集了一些著名观察家，其中包括最杰出的英国科学家华莱士（Wallace）先生。戴维先生让他们检查了观察目标，并允许他们根据自己的想法做上标记，然后在他们面前实施了大量的降神术、显灵、在石板上写字等。随后，这些著名观察家们所提交的报告中都承认，他们所看到的这些现象都是超自然现象。最后，戴维先生向他们坦白，这些都不过是一些简单的障眼法罢了。报道这次研究的笔者表示："戴维先生的研究中最令人感到吃惊的并不是这些骗术有多么精妙，而是这些见证人所提交的报告中表现出来的对这些现象看法的极端无力。"他说："很显然，即使有多位见证人，他们都可能会给出完全错误的间接关系，但他们的结论是，如果他们的描述被认为是准确的，那么他们所描述的现象就是无法通过骗术来解释说明的。戴维先生发明的方法非常简单，以至于我们都会为他竟然如此大胆地使用这些方法而感到吃惊；但是他拥有控制群体思想的能力，因而他能够说服他们，让他们看到实际上并未看到的东西。"就像之前一样，这个例子表明我们拥有催眠他人的力量。而且，当这种力量可以作用于上层人士和之前所邀请的怀疑论者的思想之时，欺骗一个普通的群体就变成了一件再简单不过的事。

类似的例子还有很多，数不胜数。当我写到这里的时候，报纸上都在报道两个小姑娘在塞纳河溺水而亡的事。一开始，有六个目击者言之凿凿地说他们认识这两个孩子，而且所有的证词都一致符合，法官对此事的来龙去脉也非常清楚。随后，法官起草了死亡证明，但是正当他们要为两个孩子举行葬礼的时候，人们偶然发现，之前被怀疑是受害者的两个孩子还活着，而且，他们与溺亡的孩子并没有太多的相似之处。正如之前所引用的几个例子中那样，第一目击者就是其幻想的受害者，而他的证词则可以影响其他的目击者。

在类似的案例中，暗示的出发点总是个体根据回忆所产生的幻想，而这种最初的幻想一旦得到确认，随之而来的就是传染。如果第一位观察者是易于受影响的，那么这足以使得他相信他所识别出来的那具尸体——除了所有真实的相似之处以外——应该会表现出一些特性，比如一道伤疤或者装扮细节，这很有可能会唤起其他人的一些想法。随后，这些被唤起的想法可能会成为同一类结晶作用的核心，从而侵扰他们的理解能力并麻痹所有的判断力。那时候，观察者所看到的便不再是物体本身，而是他脑海中所唤起的图像。通过这种方式，我们也可以解释下面的案例：孩子的亲生母亲认错了孩子的尸体。虽然这个案例已过去很久了，但是报纸最近才开始报道这件事。关于这个案例，我们要追溯到之前所指出的两种暗示的作用机制。

有一个人认出了溺亡的孩子，但这是一个错误。然后，一些无根据的辨认便开始了。

一件不寻常的事情发生了。在一个男学生认出了尸体之后的第二天，一位母亲失声痛哭：“哦，我的天哪！这是我的孩子！”

那位母亲来到尸体面前，她检查了孩子的衣服，并注意到了额前的伤疤。“我很确定，”她说，“我孩子去年7月就失踪了，他一定是被人带走并被谋杀了。”

这位妇女是杜弗尔街上的看门人，名字叫作夏凡德雷。法庭传召了她的姐夫，然后在问话时他说：“这就是小菲利贝尔。”住在这条街上的一些人也认出了在拉维莱特发现的人就是菲利贝尔·夏凡德雷，这些人中包括男孩的老师，他是根据男孩身上戴的奖章认出他来的。

不过，各位邻居、夏凡德雷的姐夫、学校的老师和夏凡德雷都错了。六周以后，这个孩子的身份得到了确认。事实证明，这个孩子来自波尔多，是被人谋杀然后被一家运输公司送到了巴黎。

我们会注意到，这些错误的辨认通常是由妇女和孩子做出的——这也就是说，恰恰是那些易受影响的人。与此同时，他们向我们表明了这样的目击者在法庭上的问题所在。尤其是就儿童而言，在案件的审理过程中就不能轻易使用这些人的言论证词。地方法官总是会习惯性地重复一句话：孩子是不会说谎的。然而，如果他们掌握一点心理文化基础知识的话，他们就会知道，事实正好与此相反，孩子总是撒谎；毫无疑问，孩子的谎言都是直率而无辜的，但是谎言始终是谎言。比如根据一个孩子的证词来为被告人定罪，倒不如用常用的抛硬币方式来决定。

回到群体的观察能力，我们的结论是，他们的集体观察很有可能是错误的，而且他们在大多数时候都只会通过传染过程向个体展示其幻想，然后以此来暗示他们的同伴。事实证明，对群体证据表示怀疑是非常明智的做法，而且再怎么怀疑也不为过。在25年前的色当战役期间，据说有成千上万的人参与了著名的骑兵冲锋。但是，面对存在诸多矛盾疑点的证词，我们不可能确定这种战役的指挥官是谁。

英国的沃斯利（Wolseley）将军在其最近出版的书籍中证明，到目前为止，虽然得到了许多目击者的证实，但是人们对于滑铁卢战役中最重要事件的看法还存在着严重的错误。

这些事实向我们表明了群体证词的价值。关于逻辑的论述包括多位目击者的一致证词，作为一种最强有力的证据，这些证词可用以支持事件的准确性。但是我们知道，在这一点上，群体的心理表明关于逻辑的论述要重写。那些关于存在最大疑点的事件就是那些有众多目击者的事件。通常来说，如果一件事得到了成千上万的目击者的证实，那么事情的真实情况一定与大家所说的情况存在较

滑铁卢战役

大的差异。

很明显，我们从上述内容中可以总结出一点，必须将历史作品看作纯粹的想象。它们都是人们对不准确观察结果加以想象的记录，同时还包含一些沉思后的解释说明。因此，写一本这样的书完全就是在浪费时间。如果过去的历史没有为我们留下文学、艺术作品和纪念碑，我们绝不会知道过去所发生的事实。关于那些在人类历史上发挥了重要作用的伟人们——比如赫拉克勒斯、佛祖，或者穆罕默德，我们对他们生平事迹的描述中有一个字是真实的吗？答案是，很有可能大部分都是错的。而且，他们的真实生活实际上对于我们并不存在重要意义。我们的兴趣所在是想知道民间传说中的伟人们是什么样子的。

在群体中留下深刻印象的是传奇英雄，而从来就不是真正的英雄。

不幸的是，传奇——甚至是尽管已有书籍记录了他们的故事——本身并不具备稳定性。随着时间的流逝，尤其是由于种族的缘故，群体的想象不断地改变着他们。《旧约全书》中那个残暴的耶和华与爱神圣特蕾莎之间横亘着一条巨大的鸿沟，而且中国所崇拜的佛祖与印度所崇拜的佛祖也很少有共同点。

此外，甚至没有必要用数百年的时间将英雄与我们分隔开来，因为他们的传奇将被群体的想象所转变。而且有时候，这种转变仅在几年间就可以完成。在我们所生活的这个时代，我们已经看到，历史上伟大英雄之一的传奇人物的传说已经在少于50年的时间内被人们改变了数次。在波旁王朝时期，拿破仑变成了一个充满田园气息和自由主义情怀的善人、一位卑微者的朋友，而且在诗人的笔下，他又注定要成为农民们长期的记忆。30年之后，这位平易近人的英雄又变成了一个残暴的君主，他在篡夺了权力之后毁灭了自由，而且为满足其野心还极其残忍地屠杀了300万无辜的人。现在，我们正见证着传奇故事的又一次转变。当它经历了数十个世纪的影响之后，未来满腹经纶的学者在面对这些矛盾的事实时，将可能对这位英雄的存在产生疑问，就像他们现在已经开始怀疑佛祖是否真的存在一样，而且在他们眼中，拿破仑将只不过是一个太阳神，或者赫拉克勒斯传说的一种发展罢了。关于这种不确定性质，他们毫无疑问会很容易进行自我安慰，因为他们比今天的我们更了解群体的特征和心理，他们将会知道，除了神话以外，历史不能保存任何记忆。

3. 群体情绪的夸张与天真

不管群体所展现出来的情感是好是坏，他们都展现出了双重性格：简单与夸张。

在这一点上，就像其他人一样，群体中的个体与原始生命体非常相似。群体中的个体很难发现事物之间的细微差别，他会将事物看成一个整体，而且也不了解它们之间的中间状态。在下列情况下，群体情绪中的夸张要素就异常显著：任何感觉，一旦展现出来并通过一个暗示和传染过程而迅速传播，如果获得明显的认可，其力量就会大大增加。

群体情绪中的简单与夸张所导致的结果就是，群体中的人既不知道怀疑，也不知道确定与否。就像女人一样，群体中的人会走向两个极端。一经宣布，这种怀疑就会转变成无可争议的证据。因而，赞成或不赞成的情绪就会产生，在这种情况下，一个独立的个体就会获得力量并立即成为群体中个体所愤恨的对象。

同时，尤其是在异质群体中，由于缺乏所有的责任感，群体的暴力感受也会随之剧增。由于群体人数众多，因此人与人之间会变得更加团结，所以免责的确定性与人多势众概念在瞬时间的爆发使得群体可具有独立个体所不具备的情绪和行为。在群体中，愚蠢、无知和有嫉妒心的人感受不到他们的毫无意义和无能为力，因为他们的这些感受已被残忍的暂时性的强大力量所取代。

很不幸，群体愈加夸张的趋势通常会施加于坏情绪之上。这些情绪都是群体原始人本能发生隔代遗传的结果，对惩罚的恐惧迫使独立而负责的个体竭力控制这种本能。因此，群体很容易会导致最坏的过激行为的发生。

但是，这并不意味着群体在受到巧妙影响的情况下不能表现出英雄主义以及成为最高美德标准的证明；相较于个体，群体通常更有能力表现出这些品质。当研究群体道德这一问题的时候，我们很快会回到这一点上来。

由于习惯于夸大其感觉，所以群体只能被夸张的情绪所打动。

如果一位演说家要感染一个群体，那他必须粗暴地使用激烈的言论，必须通过夸张、断言或依靠于重复，而且永远不要试图通过推

理的方式来证明任何事，演说家在公共会议上就经常使用这些论证方式。

而且，一个群体还会夸大对其英雄的情绪。同时，他们的外观品质和美德也必须被放大。有人曾公正地指出，群体要求舞台上的英雄拥有勇气、美德和道德，但是在现实生活中，这都统统不存在。

另外，早就有人十分正确地指出了从剧院角度看这一特殊立场的重要性。这些立场的存在并无疑问，但是在大多数情况下，其规则与常识和逻辑并无关系。毫无疑问，吸引群体注意的艺术相对较低级，但是它却需要特殊的倾向才能实现。而且，我们往往无法通过阅读剧本来解释他们的成功。通常情况下，当剧院的管理者批准一部剧上映的时候，他们自己也不知道这部剧是否会取得成功，因为如果要对这个问题做出判断，他们就有必要将自己转变成一个群体的一分子。

因此，我们能再一次做出更加广泛的解释，我们应该表明种族因素的压倒性影响。

一出在一个国家激发起观众热情的戏剧表演在另一个国家不一定会取得成功，或者说只会取得部分或普通的成功，因为它没有对其他公众产生影响。

我不需要说明群体的夸张趋势仅表现在情绪方面，而且智力方面不会出现这一问题。我之前已经说明，在个体成为群体的一部分之后，他的智力标准就会立即大幅度降低。学识渊博的地方法官，塔尔德（Tarde）先生也曾在其关于犯罪群体的研究中证实了这一点。只有在情绪方面，群体的整体水平才会上升，而其他方面则与之相反，会下降到一个非常低的水平。

4. 群体的偏执、专横和保守

群体只知道简单和极端两种情绪；他们将所收到的观点、想法和信念暗示作为一个整体而接受或拒绝，而且会将它们看作绝对真理或绝对错误。对于那些通过暗示过程所诱发，而非通过理性思考而产生的信仰而言，情况总是如此。每个人都知道，狭隘通常伴随着宗教信仰，也知道人们的思想会受到专制君权的控制。

在一方面，群体对真理或者错误的构成要素心存疑虑，在另一方面，群体对其力量有一个清晰的概念，与其对狭隘思想的处理方法一样，群体会为其灵感赋予权威。个体可能会接受矛盾并进行讨论；但是群体将永远不会这么做。在公众集会中，演讲者词语中若稍有矛盾之处便会立即招致群体的怒吼和暴力的谩骂，然后群众就会对其大打出手，然后就会将坚持己见的演说者轰下台。而且实际上，如果现场没有权威机构的代表，演讲者通常会被痛打致死。

专横和狭隘在所有类型的群体中都十分常见，但是他们所表现出来的程度则各不相同。

因此，我们在这里要再一次提到支配着人们所有感觉和所有思想的种族的基本概念。尤其是对于拉丁人群体而言，他们的权威和狭隘的发展程度是最高的。事实上，拉丁人群体已经发展到了完全毁灭盎格鲁—撒克逊群体中个体强大独立性情绪的程度。拉丁人群体只关心他们所属宗派的集体独立性，他们的独立性观念的特点就是他们需要即刻通过暴力方式让反对他们信仰的人成为他们的一员。在拉丁种族中，宗教法庭的案例显示，每个时代的雅各宾派人士都从未获得自由观念。

权威和狭隘是拥有明确观念群体的两种情绪，他们很容易会想到这两种情绪并且很容易在被施加这两种情绪时表现出来。群体会对强势力量“俯首称臣”，而且很少会被善良所打动，因为善良于他们而言不过是一种软弱的表现。他们从来都不会同情随和的人，但却会同情极力压迫他们的暴君，而且他们总是会为后者竖立起高耸入云而高大威猛的雕像。事实上，他们乐意践踏剥夺了他们权利的暴君，但这是因为这种暴君已势单力薄，因此人们会对其加以蔑视，因为他们已不再恐惧。群体所欣赏的那类英雄总是会与恺撒有着相似之处，他的徽章吸引着他们，他的权利震慑着他们，他的利剑让他们对其充满恐惧而又敬畏。

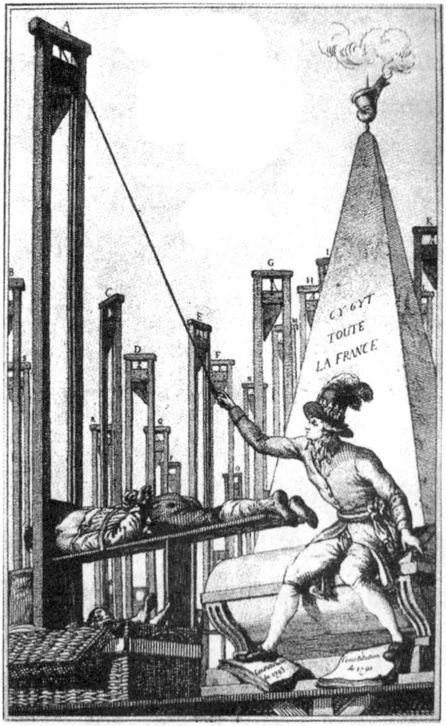

群体总是会时刻准备好反抗弱者而臣服于强

大的权威。如果权威的力量时强时弱，群体就会在其极端情绪的指引下在混乱与奴役之间来回摇摆不定。

然而，如果相信了群体的革命性本能占据优势，就是完全误解了他们的心理。

在这一点上，这不过是他们暴力倾向的表现，我们都被他们欺骗了。但是，他们的反抗和破坏性情绪的爆发总是非常短暂的。群体过于受到无意识事项的支配，而且因此也过于服从于不过度保守的长期遗传的影响。在抛弃了自己的本性之后，他们很快就会厌倦混乱的生活状态并本能地向奴性转变。当波拿巴镇压了一切自由并采取铁腕统治的时候，是最傲慢也最狂暴的雅各宾派人士尽其最大的能力与之对抗。

如果没有充分而又深刻地考虑到群体的保守性本能，历史是难以理解的，尤其是那些民众革命。事实是，他们可能会渴望改变他们这种制度的名称，甚至是通过暴力革命来实现这些改变，但是他们制度的本质大多数表现了他们种族的遗传需求，因此他们需要始终如一地遵守这种制度。他们的不断改变仅可对比较肤浅的问题产生影响。事实上，他们的保守本能就像所有原始生命的本能一样不可毁灭。他们对所有传统的信奉是绝对的；他们对所有新奇事物的无意识恐惧能改变他们存在的基本条件，这一点对于他们是根深蒂固的。如果今天的民族拥有其在发明了纺织机的时代或者在引进蒸汽动力和铁路的时代所拥有的权利，那么这些发明都是不可能变为现实的，或者通过革命和屠杀的方式才能得以实现。幸运的是，群体权利的文明化进程仅开始于科学和工业的大发现已产生影响之后。

5. 群体的道德

“道德”一词指的是始终如一地遵守某些社会习俗，并坚持不懈地抑制自私冲动。但是很显然，群体过于冲动也多变，因此不符合道德标准。

但是，如果我们暂时表现出某些品质，比如克制、自我牺牲、公正无私、奉献和对公平的需求也包含在道德范畴之内，那么与之前相反，我们也可以说群体有时也可以表现出崇高的道德。

少数研究过群体的心理学家仅从他们的犯罪行为这一点进行了考虑，同时也注意到了这些行为的频繁程度，因此他们便得出了群体的道德标准非常低的结论。

毫无疑问，情况经常都是如此；但是，这是为什么呢？很简单，这是因为我们野蛮、破坏性的本能遗传自我们原始时期的祖先。在独立个体的生活中，释放这些本能对他而言或许是非常危险的，但是当他成为群体的一员之后，他就会坚信其行为并不会受到惩罚，因此这也给了他随波逐流的全部自由。在正常情况下，我们是无法对同胞施加这些本能的，我们会限制自己并仅将这些本能施加于动物身上。群体对追捕以及残暴行为的普遍热情都来自于同一个相同的来源。以缓慢方式屠杀毫无防备的受害者群体展现出一种非常怯懦的残暴特性；但是对于哲学家而言，这种残暴与猎人群体密切相关。这些猎人们会带着他们的猎犬一起追捕并猎杀倒霉的雄鹿，而这样会为他们带来快感。

一个群体可能会犯下谋杀、纵火以及各种类型的罪行，但是他们也能够做出非常崇高的行为，比如奉献、牺牲和公正无私，这些行为的确比那些独立个体的行为要更加高尚。群体的光荣、名誉和爱国主义情感尤其可能会对其中的个体产生影响，而且个体通常也会在这种影响的作用下献出生命。历史上，类似于十字军东征和1792年志愿者事件的例子比比皆是。单独的集体能够表现出公正无私和奉献精神。那些为信仰、观念和他们几乎都不理解的豪言壮语而慷慨赴死的群体数不胜数！那些发起罢工的群体之所以这么做，更多地是为了遵守命令，而不是要求增加用于糊口的微薄薪水。

在群体中，个人利益很少能成为他们的强大动力，而对于独立个体而言，个人利益几乎就是他们行为的独有动机。在以群体的智力水平所无法理解的众多战争之中，指引着他们的确实不是一己私利——在战争中，他们会允许自己被轻易残杀，就像是猎人用镜子将云雀催眠一样。

即使是在无恶不作的恶棍身上，他们所存在的群体也会赋予他们一些暂时的严格道德标准。泰纳注意到了这样一个事实：九月屠杀[①]事件中的犯罪者将他们从受害者身上找到的钱包和珠宝都放在了委员会的桌子上，而他们本可以轻易将这些据为己有。在1848年的革

① 发生于1792年的法国大革命期间。1792年9月，巴黎群众冲入监狱杀死大量被囚禁的贵族和僧侣，史称“九月惨案”。——编者注

命期间[1]，攻占了杜伊勒里宫的那群咆哮着、涌动着的衣衫褴褛的人们并没有掠夺任何让他们为之惊叹的东西，而那些东西中的任何一件都足以应对许多天的生计问题。

群体对个体的道德化教育并不是一种恒定的规则，而是经常可以看到的一种规则。即使是远没有我之前引用例子的情况下，我们也可以观察到这种规则。我曾说过，在剧院中，群体会希望舞台上的英雄人物拥有较剧情本身更为夸张的美德，而且一群人，即使是由较低劣的人所组成的一个群体，他们也会表现出过分规矩的行为，而这是非常常见的。那些浪荡子、靠妓女养活的人和粗劣之人通常会对有些伤风败俗的情境或表达而发出微词，但是与他们平常的谈话相比，这些抱怨也并无恶意。

如果群体经常会让自己发泄低劣的本能，他们有时也会成为崇高道德的行为的楷模。如果对于一个真正的或妄想的典范人物而言，公正无私、顺从和绝对奉献属于道德美德的话，那么也可以说群体所拥有的这些美德几乎已经达到最明智的哲学家也没有达到的高度。

无疑，他们的行为都是无意识的，但是这并不是很重要。对于群体更容易受到无意识的指引，以及无法进行理性思考，我们不应该过多地抱怨。在某些情况下，如果他们变得理性并考虑到他们的眼前利益，我们的星球上可能就不会存在文明了，而且人类也不会有历史。

---

① 1848 年 2 月，巴黎人民推翻了路易·菲利普（Louis Philippe）国王的政权并建立了法兰西第二共和国。——编者注

第三章　群体的观念、理性思考能力和想象力

提要：

1.群体的观念。基本与附属观念/矛盾的观念如何同时存在/在为群体所接受之前，崇高观念必须完成转变/观念社会的影响不受其中所包含真理等级的支配

2.群体的理性思考能力。群体不会受到理性思考的影响/群体的理性思考能力始终是一种非常低级的命令/群体的观念中只有类似成功的表象

3.群体的想象力。群体想象力的力量/群体以图像的方式进行思考，而且这些图像前后彼此之间并无联系/群体尤其容易受到奇异事件的影响/传奇故事和文明都是文明的真正支柱/大众的想象始终是政治家权利的基础/事实激发那些投身研究事物群体想象力的方式

1.群体的观念

在上一部作品中研究观念在民族演变过程中所发挥的作用时，我们曾表明，每一种文明都是少数鲜有更新的基本观念的产物。我们曾说明了这些观念是如何进入群体的思想之中，这个过程是如何困难以及一旦实现之后这种观念所具备的力量。最终我们看到，这些基

本观念的改变往往会引发历史大动荡事件的发生。

我之前已经对这一课题进行了充分的研究，因此在这里我便不再赘述。但是，我还是要用寥寥数语来解释一下，群体很容易会以他们所设想的方式来接受这样的观念。

这些观念可以分为两类：一类是由一瞬间的影响所形成的偶然的、稍纵即逝的观念；比如说对一个个体或者一种学说的迷恋。另一类是基本观念，环境、遗传法则和公众意见都给予了这些观念很强的稳定性；这些观念都是过去的宗教信仰，以及当今世界的社会和民主思想。

这些基本观念就像是缓缓流向其尽头的溪流；而短暂的观念则像是总在变化着的微小波浪，在水流的表面掀起涟漪，尽管并不是十分重要，但是比水流的流动更加显而易见。

如今，我们的父辈们视为中流砥柱的那些伟大的基本观念正在风雨中飘摇。它们已经失去了所有的固态，同时以它们为基础所建立的制度也摇摇欲坠。我刚才所说的那些短暂的次要观念每一天都有形成；但是其中很少看起来具有稳定性，以及注定要产生压倒性的影响。

无论群体受到何种观念的暗示，他们都只能对他们认为十分绝对、不妥协和简单状态的条件施加影响。他们将这个观念以图像作为外衣，而且只有这样他们才能接受这些观念。但是，这些图像化的观念与任何类比或连续都不存在任何逻辑联系，而且还可能会彼此取代，就像是操作者从放映机中取下一种幻灯片再换上另一张一样，他们是彼此的替代品。这解释了为什么群体中最矛盾的观念会同时出现。

根据时机的不同，群体将受到其理解力内所储存在各种不同观念中的一种观念的影响，因此群体便能够表现出最不同的行为。由于完全缺乏批判精神，所以群体不会感知到这些矛盾之处。

然而，这种现象并不是群体所特有的。在很多独立的个体中，我们都可以观察到这种现象——不仅包括原始生命，而且还包括下列这些情况：比如说，一种宗教信仰的狂热教徒，他们的智力在某一方面与原始生命非常类似。我曾经观察到，在欧洲大学接受过良好教育的印度人在这方面的表现十分古怪。在他们不可改变的基本遗传观念和社会观念之上，叠加了很多的西方观念。根据时机的不同，这些观念中的一种或另一种就会伴随他们的行为或表达而表现出来，因此同一个个体可通过这种方式表现出最显著的矛盾对立。这些矛盾之处较之事实而更加明显，因为只有遗传观念才能对独立个体的行为动机产生足够大的影响。只有当不同种族的人相互结合，处于两种遗传趋势之间的人的行为才会表现出非常显著的矛盾之处。尽管这些现象在心理学方面有着十分重要的意义，但是在这里，我们对这种现象的强调毫无意义。我的意见是，如果想要完全理解这些现象，我们有必要经过十年的旅行和观察才能做到。

观念只能以群体所假定的简单形式才会被群体所接受，而且通常必须要经过最彻底的转变才能变得流行。尤其是当我们在处理崇高的哲学或科学观念时，我们才能看到它们为降低群体的智力水平而需要的修改具有多么深远的意义。这些修改取决于群体的本质，或者群体所属种族的本质，但是它们的趋势总是朝向降低以及简化的方向。这解释了这样一个事实：从社会角度来看，事实上几乎不存在观念等级之说——也就是说，观念没有高级或低级之分。

然而，不管一种观念在形成之初是多么伟大或真实，这种观念中已不存在所有构成其等级的元素，因为它们已经进入了群体的智力领域以及它们的影响程度范围之内。

而且，从社会角度来看，一种观念的等级价值，即其内在价值，并不重要。我们必须要考虑到的是一种观念所产生的影响。很确定的是，中世纪的基督教观念、上世纪（即18世纪，下同）的民主观念，或者今天的社会观念并非高等观念。从哲学角度来考虑，这些观念仅可被作为带有些许遗憾的错误。但是，它们的力量在过去以及将来都是非常强大的，而且在未来的很长一段时间内，它们将成为决定国家行为的最基本因素。

一种观念即使在经历了转变并被群体所接受以后，它也只能通过我们将另行研究的不同过程发挥影响。当这种观念确实成为一种情绪的时候，它就进入了无意识领域，但是这个过程需要很长的一段时间。

然而，一定不要认为一种观念的正确性只要得以证明就可以发挥作用，甚至是对有教养的人产生影响。在了解了观念对大多数人的最明确证明的影响有多么微弱以后，我们很快就会理解这一事实。如果证据非常明确，那么受过教育的人可能会接受，但是他很快就会被无意识自我带回到最初的设想之中。如果我们几天之后再次遇到他，他将再一次旧调重弹。事实上，他是受到了前面观念的影响，而这种观念已经成为一种情绪，而且这种观念本身也对我们的行为和表达产生了更加深远的影响。在群体中，这种情况也并无例外。

当一种观念通过不同的过程而最终进入到群体的思想中时，它便拥有了一种不可抵抗的力量，而且会带来一系列的影响，而与这种力量作对无异于徒劳。

那些引发法国大革命的哲学理念用了将近一个世纪的时间才最终进入群体的思想之中。一旦被付诸实践，我们将会了解到它们所具备的不可抵抗的力量。随之，整个国家开始为赢得社会平等并实现抽象权利和思想自由而浴血斗争，导致所有的王权摇摇欲坠，并使西方世界陷入黑暗的混乱局面。20年间，各个国家都参与了相互残杀的冲突之中，而且欧洲也见证了连成吉思汗或帖木儿看了也会心惊胆战的大屠杀。这个世界从未出现过如此规模的战争，而这一切可能都起源于一种观念的普及。

各种观念需要很长的时间才能在群体的思想中建立根基，但是群体同样需要很长时间才能摆脱它们。为此，群体在观念方面总是和学者与哲学家之间存在着几代人的差距。当今世界，所有的政治家都非常了解我不久前提到的基本观念中包含了许多错误，但是由于这些观念的影响力仍然非常大，所以他们不得不按照他们实际上已不再相信的那些原则来统治这些观念。

2.群体的理性思考

我们不能绝对地说群体都是不理性的，也不能说他们不会受到理性思考的影响。

但是，从逻辑角度来看，他们所使用的论证与能够影响他们的论证都是非常低级的，而且只能通过类推的方式才能将它们视为理性思考。

正如高级理性思考一样，群体的低级理性思考是以观念的联合为基础的，但是群体中相互联合的两种观念之间只存在表面上的类比或连续关联。群体的理性思考模式类似于爱斯基摩人的思考方式，他们根据经验知道冰是一种透明体，在嘴中可以融化，所以他们得出的结论是：玻璃也是一种透明体，放在嘴中也可以融化；或者野蛮人会认为吃了有胆识敌人的心脏之后就会助长自己的英勇；或者曾受到雇主剥削的女性会认为所有的雇主都会剥削他们。

群体理性思考能力的特征就是仅在表面上相互关联的不同事物之间的结合，而且那些特定的情况立即就会变得一般化。那些知道如何管理群体的人总是会向群体展示这种论证。但是，这些都是唯一能对群体产生影响的论证。群体完全看不懂一连串的逻辑论证，因此我们可以说，他们并不理性，或者说他们的理性是错误的，而且他们也不会受到理性思考的影响。在阅读某些发言稿时，我们总会吃惊于这些内容的软弱无力。然而，对于倾听这些发言的群体而言，这些内容却能产生巨大的影响，但是我们都忘记了，它们本来就是为说服群体而写的，而并不是供哲学家们阅读的。在与群体进行亲切交流时，一位演说家可以通过其将要诱发的目的而激发出一些图像。如果成功的话，他就会达到目的，那么大量的长篇大论——始终是沉思的产物——也不值得吸引大脑接收的那些寥寥数语。

如果要再补充一些关于群体无力通过理性思考来防止他们表现出任何批判精神痕迹的说明，这未免有些多余，也就是说，群体有能力辨识真理与谬误，或者有能力对任何事情形成精准的判断。为群体所接受的判断仅仅是强加于他们的判断，而从来就不是他们经过讨论之后所接受的判断。关于这件事，那些低于群体水平的个体的数量也十分庞大。某些意见很容易就会得到普遍认可，这尤其是因为大多数人都认为他们不可能在他们自己的正确理性思考的基础上形成他们特有的观点。

3.群体的想象力

正如缺乏理性思考能力的人一样，群体的想象力是非常有力、非常积极，且非常容易受到强烈影响的。

群体通过人物、事件、事故所诱发的图像几乎与现实无异。在某种程度上，群体就处于睡眠者的位置上，他们的理性暂停运转，从而在脑海中唤醒了极其强烈的图像，但是如果他将这些图像付诸沉思，它们可能会很快消失。群体不能进行沉思以及理性思考，而且也缺乏存在的概念；而且我们需要注意到，一般说来，最不可能的事就是最明显的事。

这就是为什么能让群体留下深刻印象的事总是那些不可思议和

充满传奇色彩的事。当我们对一种文明进行分析时，我们会看到，真正支撑文明的实际上就是那些不可思议和充满传奇色彩的事。在历史上，表象总比现实发挥着更加重要的作用，而不真实总是比真实更加有力。

群体只能以图像的方式进行思考，而且只有图像才能为他们留下印象。此外，只有那些让他们感到恐惧或吸引他们关注的图像才能成为他们的行为动机。

鉴于这个原因，以图像这种最显而易见的形式所展现出来的戏剧表演总是会对群体中的大量个体产生影响。面包和壮观的表演构成了古罗马平民的幸福理想，而且他们除此之外也别无他求。连续的几个时代以来，他们的这种理想几乎没有改变过。在所有类别的事物中，没有什么能比戏剧表演为群体的想象力留下更大的影响。所有的观众在同一时间经历了同样的情感，而且如果这些情感没有立即转变为行为的话，那是因为最无意识的观众无法忽略他是幻想的受害者这一事实，而且他也已经为这些虚构的冒险活动而欢笑或哭泣过。然而有时候，图像所暗示的情绪是非常强大的，以至于它们就像习惯性的暗示一样，倾向于自主转变成行为。人们经常会听到这样的故事：一家非常受欢迎的剧院的管理者，只是因为剧院上演一些氛围忧郁的戏剧而不得不在散场时派人保护剧中扮演叛国者的演员，以防止其受到观众的暴力伤害，因为尽管知道戏剧都是虚构的，但他们还是对这位演员所犯下的过错感到愤愤不平。

在我看来，这是群体精神状态的最明显指示之一，而且尤其可以看出他们接受暗示的能力。相对于真实而言，不真实对群体造成的影响更大。它们之间存在一种明显的趋势，那就是两者的不可分辨。

征服者的权力和国家的力量都是建立在公众想象的基础之上的。在领导群体的时候，尤其要特别注意应对这种想象。所有伟大的历史事件，佛教、基督教和伊斯兰教的兴起，宗教改革，法国大革命以及我们这个时代的社会党的威胁入侵，这些都是群体想象所产生的强烈印象的直接或者间接后果。

而且，每一个时代、每一个国家的伟大政治家，包括绝对的专制君主，他们都非常重视大众的想象，而且将此作为他们权力的基础并在对大众进行统治期间从未尝试反对他们的这些想象。拿破仑在国务委员会上表示："我正是通过成为一位天主教徒才结束了旺代战争[①]。通过成为一名伊斯兰教徒，我在埃及获得了一片立足之地。通过成为一名教皇绝对权力主义者，我赢得了意大利神父的支持，而且如果要统治一个犹太国家，我就要重建所罗门寺庙。"继亚历山大和恺撒之后，或许再也没有伟人如此了解该如何影响群体的想象了。一个人之所以对一个事件持续关注就是因为他想要形成对事件的想象。他会将此蕴含在其胜利之中，在其言论之中，在其演说之中，在其行为之中。在临终之前，他依然还惦念着这些思想。

群体的想象是如何留下深刻印象的呢？我们很快就会知道答

① 1793 年，法国旺代省发生的一场反征兵制战争。——编者注

案。现在，我们只能说，这种技艺从来都不是通过钻研智力或理性思考能力而实现的，也就是说，不是通过证明的方式来实现的。安东尼并非是利用其花言巧语才成功让平民们反抗恺撒并谋杀了他；而是通过向大众宣读恺撒的遗嘱并抬出了他的尸体。

无论是什么为群体的想象留下了深刻印象，都是通过令人吃惊而又非常清晰的图像来实现的，这种图像没有附加说明，或者仅伴随有少数绝妙或不可思议的事实；恰当的例子包括，军事上的重大胜利、伟大的奇迹、重大犯罪事件或一个大大的希望。事情必须以整体的方式呈现在群体面前，而且不能告诉他们事情的起源。一百次轻微犯罪事件或轻微的事故将不会为群体留下丝毫的印象，但是一次重大犯罪事件或者一次重大事故却会为他们留下深刻的印象，哪怕这些事件的后果远不如一百次小事故的总体后果严重。几年之前，造成巴黎五千人死亡的流行性传染病可能只为民众留下了并不深刻的影响。其原因在于，这次灾难并没有具体体现在任何可视的图像之中，而只是通过每周的统计数据向民众播报。与此相反，如果有一次事故造成了500人而非5000人死亡，但却是在一天之内发生在公共场合，由于事故的后果非常有视觉冲击力，比如说，埃菲尔铁塔的倒塌，那么这件事就会对民众的想象留下深刻的印象。如果一艘横渡大西洋的蒸汽船在海中央失去联络，在得不到任何音讯的情况下，民众在整个一周内都会对此事印象非常深刻。然而，官方统计数据表明，仅1894年就有850艘帆船和203艘蒸汽船失踪。但是，民众

从未关注过这些连续失踪的船舶，尽管相较于那艘疑似失踪的大西洋班轮而言，这些船舶涉及的生命和财产损失更具重要性，但人们对其关注度依然不高。

为公众留下深刻印象的不是事实，而是事情发生并引起注意的方式。如果我可以表达自己的观点的话，我认为有必要将这些事件整合起来，这样就会产生令人吃惊的图像，从而可以为公众留下深刻的印象。如果了解了如何为群体留下深刻印象的艺术，同时也就了解了统治他们的艺术。

第四章　群体信仰的宗教形态

提要：什么是宗教情绪/宗教情绪独立于人们对神的崇拜/宗教情绪的特点/假定了一种宗教形态的信仰的力量/各种各样的实例/大众之神从未消失/大众之神复活的新形态/无神论的宗教形态/从历史观点来看这些观念的重要性/宗教改革、圣巴托洛缪大屠杀、恐怖时期和所有的类似事件等观念都具有重要意义，它们导致了群体的宗教情绪的形成，而不是独立个体的意愿

我们已经说明，群体并不理性，它们会将观念作为一个整体而选择接受或拒绝，它们既不会进行讨论也不会提出反驳，而且他们所接收到的暗示会侵入他们思想的整个领域，并立即使得他们将这些暗示转变成行为。我们曾说过，群体在受到适当的影响之后会准备为他们所激发出来的理想而奉献自己。我们还看到，他们只具有暴力和极端情绪，在他们所处的情况下，同情很快就会成为崇拜，而且厌恶情绪几乎在产生的那一刻起就会变成憎恨。这些一般表征早已让我们对群体信仰的本质有了一种预感。

当我们仔细考虑这些信仰时，无论是在以热烈的宗教信念为标志的时代，还是在像上世纪那样充满重大政治动荡的时代，很明显，

这些信仰总是会形成一种特殊的形态，除了将其称为宗教情绪之外，我也没有其他更好的选择了。

宗教情绪的特点非常简单，比如对想象中的高级生命体的崇拜、对其权力的恐惧、对其命令的盲目遵从、不具备讨论其教条的能力、传播教条的愿望，以及将不接受这些教条的人看作敌人的倾向。无论这种情绪是施加于一个无形的神，还是一个木头或石头做的偶像，或是一个英雄或者一个政治观念之上，如果表现出前述特点，这种情绪的本质终归是宗教。在超自然和不可思议的事件中，我们也发现了同样的情况。群体会无意识地为在瞬时间激起他们热情的政治准则或胜利领袖赋予一种神秘的力量。

如果一个人只是崇拜神明，那他算不上虔诚，但是当他为一项事业或者成为其思想和行为目标的人付出了全部心力，投入了所有的意愿以及全身心的狂热，那他就是虔诚的。

狭隘与狂热必然会伴随宗教情绪的产生而出现。那些相信自己掌握了尘世的秘密或者永恒幸福的人会不可避免地表现出这两种情绪。此外，当所有人聚集在一起并受到任何种类信仰的启发之后，他们也会表现出这种特点。恐怖时期的雅各宾派人士实际上就像宗教法庭中的天主教徒一样虔诚，而且他们的残暴激情也具有同一来源。

群体的信仰表现出盲目顺从、激烈的偏执以及对暴力宣传的需要等特点，而这些特点都是宗教情绪所固有的。因此，也正是因为这个原因，我们可以说群体的所有信仰都有一种宗教形态。民众们为之欢呼的英雄是他们真正的神。拿破仑就做了15年这样的神，而且其他神从未有过像他一样众多的崇拜者和定夺人们生死的权力。基督教和异教的神从未对臣服于他们的子民执行过更加专制的权力。

所有宗教或政治信条的创始人之所以能够成功，是因为他们都通过那些狂热的情绪极大地鼓舞了民众，而这些情绪则使得人们在崇拜中找到了幸福，并且他们愿意且已准备好为他们的理想而献身。在所有的时代中，情况均是如此。甫斯特尔·德·库朗日（Fustel de Coulanges）在其出色的作品《罗马高卢》中指出，罗马帝国绝不是通过武力维持的，而是通过其所激发出来的宗教崇拜。他中肯地表示："一种遭到民众痛恨的政府形态竟然延续了5个世纪之久，这在历史上是举世无双的。罗马帝国的区区30个军团竟然能让数亿民众遵守其命令，这是很难说明白的。"民众之所以会顺从于罗马皇帝，那是因为皇帝就是伟大罗马的化身，是他们一致认同并崇拜的神。即使是在

罗马帝国最小的城镇之中，我们也可以看到民众为纪念皇帝而建造的祭坛。“那时候，在罗马帝国的疆域之内，到处都有新的宗教兴起，而这些宗教所供奉的神就是罗马皇帝。在基督纪元之前的几年中，整个高卢地区有60个城市，这些城市中都建有神殿，而这些神殿与里昂城附近用以纪念奥古斯都的神殿是一样的……而且，神殿的祭司都是由高卢城市联盟所选举的，这些人都是他们各自的区域的名人要士。诚然，要将这所有的一切都归结于恐惧和奴性是不太可能的。就其整个国家而言，民众并不是奴性的，而且这种奴性尤其不可能保持长达3个世纪之久。崇拜君主的并非是那些侍臣，而是罗马的民众，而且不仅仅是罗马民众，还有高卢人、西班牙人、希腊人和亚洲人。”

今日，大多数曾影响了人们思想的伟人都不再拥有纪念他们的祭坛，但是人们为他们塑造了雕像，或者他们的爱慕者们也会手捧他们的肖像，而且人们对他们的礼拜仪式与他们的前人们也没有显著的不同。我们只有通过彻底理解群体心理的基本要点，才能理解历史哲学。群体需要神的指引，这对于他们来说是首要的。

我们一定不能认为这些都是过去时代的迷信，因为理性已经将迷信的部分明确驱逐了。在与理性之间的永恒冲突之中，情绪从未被理性征服过。群体将再也听不到他们曾长期崇拜的神和宗教这样的词语；但是他们在过去的100年中也从未有过如此多的盲目崇拜，而且古老的神明也从未有过如此多用于纪念他们的雕像和祭坛。近年来，那些以布朗热主义为名的对民众运动有所研究的人已经能够看到那些缓解了民众宗教本能的要素已准备卷土重来。我们看到，所有国家的小酒馆中都张贴着英雄的肖像画。

民众认为，他们的英雄有着改变所有不公和拯救所有邪恶的能力，而且成千上万的人也愿意为他们的英雄而献出自己的生命。如果他的性格满足其传奇声誉的所有层面的要求，那么这位英雄在历史上的地位就是伟大的。

因此，宗教对于民众而言是非常有必要的这样的话就是没有意义的老生常谈了，因为所有的政治理念、神学教条和社会信念都只能在存在假定的宗教形态的情况下扎根于它们之中——这种形态排除了议论的危险。如果有可能成功地诱导民众接受无神论，其信念就要展示出宗教情绪中所有的狭隘思想，而且其外部形式就很快会成为一种礼拜仪式。少数实证主义者宗派的演变为我们提供了一个有趣的相关证明。发生在与陀思妥耶夫斯基（Dostoiewsky）这位大思想家相关的虚无主义者身上的事情很快又发生在了实证主义者身上。当有一天，理性之光照亮了一个人的生命，他就会打破教堂的祭坛供奉的神和圣人的形象，会熄灭所有的蜡烛并立即用无神论哲学家，比如毕希纳（Buchner）和摩莱萧特（Moleschott）[①]的作品取而代之，在那之后，他会虔诚地再次点燃蜡烛。

我再重复一次，除非我们理解了群体信仰所长期呈现出来的宗

① 毕希纳（1824—1899），19 世纪德国无神论哲学家，因为在《力量与物质》（1855）一书中把一切精神活动解释成物理现象而名噪一时。摩莱萧特（1822—1893），德国生理学家和哲学家，所著《生命循环》（1852）为 19 世纪最重要的唯物主义文献之一。

教形态，否则我们将无法理解某些历史事件——而且恰好是那些最重要的历史事件。相较于自然学而言，我们应该更多地从心理学角度来研究这些社会现象。伟大的历史学家泰纳仅从自然学家的角度研究了大革命，但是他却忽略了事件的真正起源。他对事实进行了充分的研究，但是从群体心理学的相关研究来说，他并不是总能够找到这些事件的起因。这些事实的残暴、反常和狰狞的一面让他感到震惊，但是他仅从伟大的英雄身上看到了一群疯狂而残忍的野蛮人，他们抛弃了自我并丧失了控制他们本能的能力。在经过深刻反思之后，大革命的暴力武装、残忍屠杀、政治宣传的需求以及对所有事情宣战的做法，准确来说，不过是在民众之中建立了一种新的宗教信仰。宗教改革、圣巴托洛缪大屠杀[①]、法国宗教战争、宗教法庭、恐怖时期，这些都是同一种现象，都是由这些宗教情绪所激化的民众所造成的，在必要时，这些情绪带领着被灌输了这些思想的民众无情地用火和剑消灭了与他们所建立的这种新信念站在对立面的人。

宗教法庭所采用的方式，就是那些心中有着真实而坚定信仰的所有人的选择。如果他们选择了其他方式，那么他们的信仰就不值得被称为信仰了。

我刚才所引用的类似剧变事件，只有在民众的灵魂引发它们的

---

① 1572年8月23日（“圣巴托洛缪日”）在巴黎发生的对胡格诺教派的大屠杀，起因于法王之母卡特琳与胡格诺派首领、海军上将科利尼之间的纠纷。据史家估计，巴黎约有3000人在这一惨案中丧生。

时候才可能会发生。否则的话，哪怕是最残暴专政的君主也没有这种能力。当历史学家告诉我们，圣巴托洛缪大屠杀就是国王的杰作的时候，他们在群体心理方面的无知就和野蛮人一样。事实证明，这种命令只能由民众的灵魂来执行。即使是最专制的君主，即使他们拥有最绝对的权力，他们也只能加速或推迟民众这种幻想所表现出来的时间。圣巴托洛缪大屠杀或者宗教战争并不是国王的杰作，恐怖时期也不是罗伯斯庇尔（Robespierre）、丹东（Danton）或圣茹斯特（Saint Just）[①]的杰作。实际上，这些事件始终都是民众的灵魂所致，而从来都不是统治者落实权力的结果。

---

① 罗伯斯庇尔（1758—1794），法国大革命时期重要领袖人物，是雅各宾派政府的实际首脑之一。丹东(1759—1794),法国大革命的主要领袖人物之一,立场温和。圣茹斯特(1767—1794)，法国大革命中极左派代表人物，因生性残忍，杀人如麻，其名字几乎成为恐怖统治的代名词。

第二卷　群体的观点与信念

第一章　群体观点与信念的间接因素

提要：群体信念的准备因素/群体信念的起源是发展的细化阶段初期过程的产物/关于这些信念不同因素的研究

1.种族。种族的支配作用/它代表了祖先的暗示

2.传统。传统是种族灵魂的合成物/传统的社会重要性/在成为一种必要之后，传统如何变成了一种伤害/群体是传统观念最顽固的坚守者

3.时间。时间连续为信念的建立和毁灭准备了条件。正是通过时间这一元素，社会秩序才可能从混乱中再次重建

4.政治和社会制度。政治和社会制度中的错误观念/它们的影响力微乎其微/它们都是结果，而非起因/各民族没有能力选择对他们来说最好的制度/制度是在同一标题下遮蔽最不同事物的标签/某些制度从理论上来说并非是一种好的选择，比如某些民族义务的集中化

5.制度和教育。普遍流传观念的不正确性对群体制度造成

的影响/统计数据指示/拉丁教育系统的示范性影响/各种不同人的不同例证

在研究了群体的心理构成并熟悉了他们的感觉、思考和理性思考模式之后，现在我们要继续研究的是他们的观点与信念是如何兴起并确立的。

决定这些观点和信念的因素有两种：间接因素和直接因素。

其中，间接因素就是那些群体能够采纳某些信仰并完全否决其他信仰的因素。这些因素为某些新观念的突然萌发奠定了基础。尽管都是自发性表征，但是这些新观念的魄力和产生的结果都是令人吃惊的。有时候，群体中某些观念的形成与实践是非常突然的。但是，这仅仅是一个表面效果，其背后一定蕴藏着长期的准备过程。

直接因素就是那些来自于上述这种长期准备工作的因素，如果没有经过长期准备，那么这些因素将不会产生任何影响，而只能作为主动说服群体的来源；也就是说，这些因素会导致观念的形成并任由其发展，最后造成各种结果。在这些直接因素的影响下，集体所做出的决议会突然得以实施；这是由于这些决议都是突然爆发的暴乱或者经过考虑后举行的罢工活动，以及大部分人赋予一个组织的推翻政府的权力。

在所有的重大历史事件中，我们都可以追踪到这两种因素的连续影响。就此类事件最显著的例子之一——法国大革命而言，其间接因素包括哲学家的论述、贵族的强烈要求以及科学思想的进步。由此，民众的思想便很容易由演说家的演讲以及宫廷党对无关紧要革命的反抗这些直接因素所唤醒。

另外，我们发现间接因素中存在着一些一般属性，而这些属性正是群体所有信念和观点的基础。这些属性就是种族、传统、时间、制度和教育。

现在，我们要继续研究这些不同因素的影响。

1. 种族

在研究过程中，我们必须将种族这一因素放在首位，因为其重要性超越了其他所有的因素。我们在另一本书中已经对这一课题进行了充分的研究，因此在这里我便不再赘述。我们在之前的一卷书中已经表明了历史性种族的含义、其特点的形成过程，其在遗传法则作用下所拥有的力量，总而言之，这些力量——其信念、制度和艺术——就是其文明的所有要素。但是，这些只不过是种族起源的外在表现。我们已经表明，种族的力量就在于，在不经历最深刻变革的情况下，任何要素都不能在种族之间进行传播。

环境、条件和事件代表了当时社会的暗示。这些要素能够产生相当大的影响，但是如果违反了种族暗示的话，这种影响总是短暂的；也就是说，这些都是一个民族从其一连串的祖先那里所继承来的。

在本书中，我们在几个章节中再次对种族影响进行了研究，而且研究结果表明，这种影响非常大，以至于可以支配群体天赋特征独有的特点。随后，我们得出结论：不同国家群体的信念存在着非常大的差异，而且他们的行为也并非受到同样方式的影响。

2.传统

传统代表的是过去的观念、需求和情绪。对于一个种族而言，传统是他们的合成物，而且对我们也有着非常大的影响。

自胚胎学表明了生物进化对过去所产生的巨大影响之后，生物科学便开始发生转变；而且当这一概念变得普及的时候，历史科学也将出现重大改变。

然而到现在为止，人们对这种转变还没有充分的认识，而且许多政治家也没有提出较上个世纪的理论家更加高深的观点，他们仍愚昧地认为社会可以完全瓦解，并在理性指引的基础上完全重建。

一个民族就是过去所创造的一个有机体，而且就像其他有机体一样，一个民族只能被缓慢的遗传积累所改变。

尤其是当一个人成为群体中的一部分时，是传统指引着他一步步向前。正如我经常说的那样，人们对传统的影响所引起的变化只不过是改变了传统的名称和外在形式。

但是，我们无须对这种情况的出现而感到遗憾。无论是民族的天赋特征还是文明的产物，如果没有传统，这一切都是不可能存在的。因此，在人类开始存在以后，他们需要高度关注的两个问题就是创建一个传统网络，然后当他们的有益作用消失殆尽的时候再努力破坏这个网络。如果没有传统，文明不可能存在，而且如果没有那些对传统所施加的破坏，文明也不可能进步。所以，这一困难——这一巨大的难题——将要在稳定性与多边形之间找到一种适度的均衡。如果一个民族允许其风俗习惯变得根深蒂固，那么这些传统将不再发生改变，而且就像中国一样，这个民族就不再拥有改进与提高的能力。在这种情况下，暴力革命是没有任何作用的；因为其结果无非是那些被打碎的束缚再一次拼凑在一起，并且让其过去的帝国原封不动地重现，接下来就是残余的历史碎片会很快破碎，然后便陷入无尽的混乱。

因此，对于一个民族而言，最理想的情况是保留过去的制度，并在未来的日子里通过循序渐进的方式逐步加以改变。然而，这个想法是很难实现的。看起来，几乎只有古代的罗马人和现代的英国人才将这种想法变成了现实。

然而，恰恰是群体执着地坚持了传统的观念，并且固执地反对着改变传统观念的一切。在构成社会等级制度的一类群体中，这一点是显而易见的。

我之前就坚定地认为群体拥有的是保守主义精神，而且我也曾表明，最暴力的叛乱也只不过是言辞上的改变。在上世纪末，面对被毁坏的教堂以及被驱逐出国或被送上断头台的牧师，人们可能会想过，古老的宗教观念已经失去了所有的力量。可是几年之后，鉴于群众的普遍要求，几乎已经消失的礼拜制度又重新回归。

在那一刻，饱经沧桑的旧传统又恢复了它们的影响力。

关于传统对群体思想的作用，没有更好的例子可以用来展现其力量。但是我们要知道，最令人敬畏的圣像既不存在于庙宇之中，也不存在于最专制君主的宫殿之中；它们可以在一瞬间就灰飞烟灭。但是，那么多支配着我们内在的无形主宰却能在反抗的影响下得以周全，而且只能在数百年的缓慢进程中渐渐消磨远去。

3. 时间

正如时间对于生物学问题的意义一样，其对于社会而言是最有力的因素之一。对于社会而言，时间是唯一真正的创造者，同时也是唯一强大的毁灭者。而且，是时间让沙粒堆积成山，也是时间让地质时代的微小细胞变成人性的尊严。几个世纪以来，千万次的时间作用足以让这个世界呈现出变化万千的现象。我们已经充分了解到，如果有充足的时间，“千里之堤，溃于蚁穴”就会变为现实。如果一个人拥有随其意愿改变时间的魔力，那么他便拥有了无数信徒像臣服于上帝一样对其俯首称臣的力量。

但是在这里，我们只关注时间对群体观点的天赋特征的影响。从这一点来说，时间的作用还是非常大的。一些重要因素的形成是依赖于时间的，比如种族，如果没有时间，种族便无法形成。时间造成了所有信念的形成、发展与消逝。借助于时间，信念才能获得它们的力量，然而也是因为时间，它们也失去了力量。

具体而言，时间为群体观点和信念的形成奠定了基础，或者至少为它们的萌芽提供了土壤。这就是为什么某些观念在一个纪元中可以实现，而在另一个纪元中却无法实现。在观念的萌芽期过程中，是时间加速了信念和思想的分崩离析。这些观念并不是随便或偶然形成的；每一个观念的根源都有一段悠久的过去。当这些观念如鲜花般盛开，是时间滋润了它们的花期；而且当提及它们的起源，总是要追溯到我们有必要研究的过去。这些观念是过去观念的女儿，是未来观念的母亲，但是它们始终都是时间的奴隶。

因此，时间才是我们真正的主人，而且我们要让时间充分发挥作用才能看到万物的转变。现如今，当面对民众的危险志向和相应的毁灭与剧变的预兆时，我们会感到惶惶不安。在没有其他因素的帮助下，时间将会看到所有事物都恢复平衡。拉维斯（Lavisse）先生曾恰当地指出："没有一种整体可以在一天中建立起来。政治和社会组织的形成需要几个世纪。在找到适用于自身的法律规则之前，哪怕存在了数个世纪的封建制度也是不成形的、混乱的；在形成常规政体之前，君主专制政体也存在了几个世纪之久，而且这么漫长的等待期总让人感到困惑与不安。"

4. 政治和社会制度

制度可以弥补社会缺陷、国家的进度建立在制度和政府的完善之上、社会变革会受到法令的影响——我认为，这些观念仍然得到了大众的广泛认可。这些观念是法国大革命的起点，是当代社会学说的基础。

但是，最连续性经验也没有成功地撼动这一重要错误观念的地位，哲学家和历史学家一直在竭力证明这些观念的荒谬之处，虽然始终徒劳无功，但是他们已攻克了另一难题，证明了制度是观念、情绪和习俗的作用成果，而且这些观念、情绪和习俗并不能通过法律规范得以重建。一个民族无法按照自己的意愿选择其制度，就像他们不能选择自己头发和眼睛的颜色一样。制度和政府都是种族发展的产物，它们并不是时代的造物主，而是时代造就了它们。如果要统治各个民族，就不能根据在某一时刻的思想，而是要依据决定它们服从于统治的性格特点。一种政治体系的形成需要几个世纪，而要想改变这种体系则又需要几个世纪。制度并没有固有美德：就制度本身而言，它们没有好坏之分。那些良好的制度是指在既定时间内对既定人群无害的制度，但是对于其他民族而言，这种制度可能会是另一个极端。

而且，人民的力量不可能真正改变他们的制度。毫无疑问的是，在以暴力革命为代价的情况下，人们可以改变其社会制度的名称，但却无法改变它们的本质。制度的名称只是些无用的标签，历史学家在研究历史真相时几乎不会关注这一方面。比如说，世界上最民主的国家英国，他们正是通过这种方式完成了社会变革，即虽然生活在君主制度之下，但是他们的生活依然民主而幸福。然而，尽管那些西班牙后裔的美洲国家是共和国，但是他们的人民却饱受最具压迫性的专制主义之苦。民族的命运是由他们的性格，而非他们的政府所决定的。在之前的几卷书中，我已经通过提出一些明确的例子很好地确定了这一点。

因此，我们便不必浪费时间在那些枯燥无味的宪章的制定问题上，这是那些无知修辞家所做的幼稚而无用的工作。当我们足够明智到允许必然性和时间这种因素发挥作用的时候，它们就会承担起阐释宪章的作用。盎格鲁—撒克逊人就采用了这样的方法，正如它们的历史学家麦考利(Macaulay)[1]在文章中所教导我们的那样，所有拉丁国家的政客都应该牢记这一点。在表明了法律可以带来的所有益处之后，从纯粹理性的角度来看，这些益处会因为荒谬和矛盾的交织而表现出一片混乱。麦考利对比了拉丁民族与英国在社会动乱时期制定的许多宪章之后指出，后者从来不依赖于投机的理性思考，而是只有在直接必然性的影响下才会慢慢改变。

> 不必思考其对称性与便利性；绝不要因事物存在反常之处就消除这种反常事物；绝不要只有在感到不满的时候才创新；绝不要为了挣脱不满而创新；绝不要提出无法提供必要特定条件的广阔范围的命题；这些规则从约翰时代到维多利亚时代一直都存在，它们是我们在这250年间议会审议的指导原则。

要想说明每一个种族的法律和制度是如何表达民族需求以及如何无法出现巨大转变的原因，我们有必要对每一个民族的法律和制度进行一一说明。比如说，我们可以通过哲学论文来说明中央集权制的优势和劣势；但是当我们看到由不同种族构成的民族通过上千年的努力来实现这种中央集权制的时候；当我们看到为毁灭所有过去

---

① 麦考利(1800—1859)，英国政治家和学者，所著四卷本《英国史》，讲述1688年后英国君主立宪制的发展过程，对后世影响甚巨。

的制度而发起的伟大革命被迫尊重这种中央集权制并强化这种制度的时候；在这些情况下，我们应该承认，这是一个民族迫切需求的产物，这是民族生存的条件，而且我们应该为说着要毁灭这种制度的政客们贫瘠的智商而感到遗憾。他们本来有机会获得这一尝试的成功，他们的成功会立即成为一场令人惊骇的内战，而且内战的爆发将会立即带来一种相较于旧制度而更具压迫性的新制度。

我们从前文所述内容中得到的结论是，那些能对民众的天赋特征产生深远影响的方式并不存在于制度之中。当我们看到某些国家，比如美国，在民主制度下达到高度繁荣的时候，然而其他国家，比如西班牙美洲国家，在完全相同的制度下却依旧处于可怜的混乱状态。我们应该承认，制度与民族的繁荣和落后并无关系。统治着人们的是他们的性格，而与他们的性格并无密切关联的所有制度则仅是一件借来的衣服，只是一种暂时的伪装。毋庸置疑的是，血腥的战争和暴力的革命已经开始，而且将一直继续下去，以为了能够强行建立一种新的制度。而对于这些制度，那些信徒们就像对待圣人的遗物一样，赋予了他们创造福利的超能力。那么在某种意义上，我们可以说，制度反映了群体的思想，因为正是它们才引起了这些历史巨变。

但事实上，并不是制度造成了事物的这种反应方式，因为我们都知道，无论是成功还是失败，制度本身并无美德可言。影响群体思想的是幻想和言辞，尤其是言辞——荒诞的言辞是最有力的，而且我们稍后将向大家展示这种令人吃惊的影响。

5. 制度和教育

在当前时代的主要观点中，居于首位的是这样一种见解：教育能让人发生明显的改变，而且能够始终让人更加完美，甚至是让他们变得平等。由于一直在不断重复，因此这种主张已经成为人们心中最坚定的民主信条。现在要对这种信条发起攻击是非常困难的，因为人们之前曾用它成功地攻击了教堂的教条。

但是在这一点上，和其他诸多问题一样，民主观念与心理学和经验的作用结果是非常不一致的。许多杰出的心理学家，比如赫伯特·斯宾塞，他也很难证明教育既不能提高一个人的道德，也不能让一个人活得幸福；教育既不能改变一个人的本能，也不能改变一个人的遗传性激情，而且有时候，在受到不良引导的情况下，教育的害处要大于其益处。统计学家已经证实了这些观点，他们告诉我们，犯罪行为会随着教育，或者至少是某种教育的普及而增多，而且社会的最坏敌人，即无政府主义者，也曾是学校中的佼佼者。此外，著名的地方法官，阿道夫·吉约（Adolphe Guillot）先生在其近期出版的作品中表示，目前受教育罪犯的数量为3000人，而文盲罪犯的数量为1000人，而且在这50年中，每10万人之中受教育罪犯的人数比例已经从最初的227人增长至552人，已实现了大幅的增长。他还指出，他的同事们也都注意到，罪犯中年轻人的数量增长尤其明显，因为正如我们所知道的，法国以前实施的无偿的义务学校教育已被学徒制所取代。

的确——而且也没有人曾提出过这一命题——指导有方的教育不一定会产生有益的实践结果。如果教育没有提高道德标准，至少也促进了人们职业能力的发展。不幸的是，拉丁民族——尤其是在过去的25年，始终在坚持他们教育体系中的错误原则，虽然也出现了一些杰出思想家，比如布雷尔（Breal）、甫斯特尔·德·库朗日、泰纳以及其他思想家，但是他们仍坚持着可悲的错误。我们前一段时间出版的作品中已经表明，法国的教育体系将大多数生活在这一时期的人变成了社会的敌人，而且最糟糕的是为社会主义培养了众多门徒。

或许这种教育体系非常适合拉丁人，但其主要危险在于，这种教育体系是建立在基本的心理学错误之上的，即人们认为智力是通过死记硬背书本知识而提高的。在接受了这种观点之后，人们便尽可能多地学习书本知识。从小学到大学，一个年轻人所做的除了牢记课本内容外再无其他，他既没有判断力也没有个人主动性，所以当时的教育于他而言，就是死记硬背和顺从。

法国前教育部长，朱尔·西蒙（Jules Simon）先生曾如此写道："学习课堂知识，熟记文法或纲要，不断提高重复和模仿能力，这是一种非常滑稽的教育方式，其一切努力都是对信仰绝对正确的坚定信念的执行，而且这种教育方式只能导致人们轻视自己并表现自己的无能。"

如果这种教育一点儿用都没有，那么我们就可以向不快乐的孩子们表示同情，因为他们在小学并没有学到有用的知识，而只学到了克洛泰尔（Clotaire）的族谱、纽斯特里亚与澳大利亚之间的冲突，或者动物学分类方面的知识。但是，这种教育体系还存在一种更加严重的危险。那就是，它给了那些极端厌恶自己与生俱来地位的人一个机会，使得他们强烈渴望能从中逃脱。

工人们再也不希望继续做工人，或者农民们再也不愿意继续做农民，然而最卑微的中产阶级人们只希望他们的孩子能保住高薪公务员的职业饭碗，除此之外便再无他求。法国的学校并不是帮助人们解决以后的生活问题，而是只在意让他们掌握公共职能并在这个领域中取得成功，因为这样学生就不会出现自我导向，或者表现出个人主动性的零星闪光点。在社会阶梯的底部，这种体系创建了一个无产阶级军队，他们始终准备着奋起反抗。而在社会阶梯的最高层，这种制度形成了一批狂妄轻率的资产阶级，他们多疑而又轻信他人，对国家有着迷信一般的信任并在某种程度上将国家看作上帝。但是，他们也没有忘记发起敌对战争，总是将他们自己的错误归咎于政府，并且在没有权威机构的干涉之下，他们在企业方面毫无应对能力。

在这个国家中，有学历文凭的人都是国家教科书式教育的产物。但是对于国家而言，这些人中只有一部分可以委以己任，而其他的人则是不可能雇用的。因此，人们便不得不努力为让自己成为前者而与其他人为敌。在社会的金字塔中，从上到下，从最卑微的职员到教授和长官，大多数民众都吹嘘着自己的学历文凭以为同行施压，从而为自己争取一份在政府机构的工作。然而，商人却很难找到一个代理人可以代表他处理公司事务。因此，这种体系所造成的结果是，成千上万的求职者都在征求看起来最端庄的政府工作职位。比如说，塞纳省就有20000位失业的男女教师，但是他们都不屑于干农活或者工厂的工作，他们希望的是国家能帮他们解决生计问题。然而，政府职位是有限的，因此必定满足不了众多人的需求。而那些没有政府职位的人则在其首领的领导下时刻准备着发起革命，而不管不顾这位首领是何方神圣，以及其有何目的。因此，如果有知识但学而不用，那就必定是成为一个人发起反抗的重要原因[①]。

---

① 然而这并不是拉丁民族所特有的一种现象，它在中国也可以看到。这也是一个掌握在等级森严的士大夫手里的国家，就像法国一样，在那里取得官职也要经过考试，而它所检验的唯一内容，就是对大量典籍的背诵。这支受过教育的无业大军，在今天被视为真正的民族灾难。同样，自从英国人不是为了教育之外的目的，而仅仅为给当地居民提供教育而开放教育以来，在印度也形成了“印度绅士”（babus）这样一个受过教育的特殊阶层，因为得不到雇佣，他们便成了英国统治不妥协的敌人。对于所有的“印度绅士”来说，不管有没有职业，他们受到的教育的第一个结果降低了他们的道德标准。我在自己的《印度的文明》一书中，曾用大量篇幅来说明这一事实，而且所有造访过这个半岛的作家都注意到了这个事实。

很明显，现在想要纠正之前的错误为时已晚。人类的最高级教育家会煞费苦心地指出我们的错误。它的力量将足以证明，那些我们所厌恶的教科书和可悲的考试必定要废除，而取而代之的应该是引导我们的年轻人回归他们所极力避免的农田、车间以及企业中去。

当代所有思想开明的人所需要的职业教育是指我们祖先在过去所接受到的教育。现如今，在以意志力、主动性和企业精神引领世界的国家中，这种教育仍然充满生机。我之前曾引用文章的作者，伟大的思想家泰纳先生在其一系列卓越作品中曾明确指出，我们之前的教育体系与当今在英美盛行的体系非常相似，而且拉丁和盎格鲁—撒克逊的教育体系也存在着惊人的相似之处，同时也直接指出了这两种教育方式的结果。

在紧要关头，一个人可能会同意继续接受我们古典教育的所有不足，尽管这种教育只会培养出对社会不满以及不能适应他们生活的人，但是在掌握许多浅薄的知识并完美地熟记了如此之多的书本知识之后，这些人的智力也会有所提高。但是，这种方法真的能提高智力水平吗？在生活中，成功的条件是拥有判断力、经验、主动性和特性——这些都是从书本之外所获得的品质。

书籍就是字典，只具备查阅功能，除了在人们的脑袋中长期留存以外，再也无法发挥其他的作用。

那么，职业教育该如何在某种程度上以高于古典教育的方式提高人们的智力呢？泰纳先生已经很好地给出了答案。他说：

思想能在自然而正常的环境中形成；思想发展的影响来源于一个年轻人日常在车间、矿山、法庭、书房、建筑场地、医院所接受到的无数印象；来源于他所看到的工具、材料和操作方式；来源于无论业绩好坏、成本高低的客户、工人、劳动力。通过这种方式，一个人才能用眼睛、耳朵、双手，甚至是嗅觉感受到所有微小认识的细节，他才能在无意间掌握并默默地在心中进行深刻研究，而且不断暗示自己早晚会将这些见解进行重新整合、简化、删减、改进或创新。然而，在最好的学习与思考的时间里，年轻的法国人却缺乏足够的教育，而且还失去了与大千世界的所有宝贵联系，以及所有同化作用的必要因素。在七到八年的时间里，他们一方面被禁锢在课堂之上，另一方面又被剥夺了亲自体验世界的权利，因而他们也就失去了对人情世故以及各种各样处理方式的感知。

……在法国，至少有十之八九的年轻人浪费了他们年华中的宝贵时光并失去了那些有意义的收获——而这几年的时间正是他们学习表达、分清主次，甚至是决定人生道路的关键。而且，这些人中应该有一半或者三分之二的人整天投身于考试——但是他们最终还是被成功拒之门外；另外，这些人中也有成功者，他们拥有学位、证书和文凭，但是他们中仍有一半或三分之二的人在工作中过度劳累。某一天，当他们参加讲座或面对董事会成员时，他们对自己的要求过于严苛，他们会在连续两个小时的时间内保持精神焕发，而且当

> 面对一群科学家的时候，他们就会用所有的人类知识来武装自己。事实上，在度过了那特别的一天之后，在之后的一个月中他们便不再是当时的自己了。
>
> 这时候，他们不能做到再次通过考试。他们脑海中所堆积的种类繁多而数量繁重的知识会一天天消失，而不是被新的知识所取代。此外，他们的精神活力值开始下降，开始变得萎靡不振，而且他们原本充足的发展能力也有所减弱，之前那个全面发展的人不见了，取而代之的是一个疲惫不堪的皮囊。安定，结婚，进入千篇一律的生活包围圈，将自己限制在已得到充分履行的职能之中，然后再无其他。这些就是人们生活的概况；的确，这种情况下的收益与支出并不能达到平衡。然而，1789年之前的法国就像英国或美国一样，我们的国家发展一切顺利，我们的生活与上述两个国家处在同一等级，甚至比他们的生活更加优越。

随后，著名的心理学家们向我们展示了我们的体系与盎格鲁—撒克逊体系之间的不同之处。需要注意的是，后者并没有像我们一样开设无数个特殊学校。于他们而言，教育并非以学习书本知识为基础，而是以实物教学为基础。比如说，工程师要在车间而非学校中接受培训，这种方式允许每个人都能达到其智力所允许的知识水平。如果一个人无法继续进步，那么他可以成为一位工人或者一位领班，但是如果具备资质，他最终就会成为一名工程师。对于让一个人花费19

或者20年的时间学习，并让其整个职业生涯都取决于持续数小时考试的方法而言，这种发展方式更加民主，也对社会更加有益。

在医院、矿山、工厂，在建筑师或律师的办公室，在很小的年纪就开始学习的学生会逐步从学徒成长为一位办公室法律职员，或者一位拥有工作室的艺术家。以前，在开始实践之前，他也有机会学习一些通用和基础课程，因此会给自己准备一个框架来存储他在短时间内所学到的知识。此外，在通常情况下，他还能够学习一些业余技术课程，然后在其空闲时间内加以利用，从而逐步实现其日常经验的整合与协调。

在这样的体系之下，学生们的实践能力得到了发展与提高，而且他们的能力、未来发展方向以及所希望自己从事的特殊工作能力也相应得到了提高。通过这种方式，英国和美国的年轻人很快就掌握了知识，并能够将自己的能力发挥至最大限度。但一个人25岁时，如果有材料证明的话可能会更早，他就不再仅仅是一位出色的执行者，而是同样具备了自行创业的能力；他不再仅仅是机器上的一个小零件，而是变成了发挥重要作用的发动机。然而，法国的教育体系则与英国和美国的体系相反——在法国，下一代人越来越像中国人——从总体来说，法国为此浪费了巨大的人力、物力和财力。

关于拉丁教育体系与实际生活要求之间不一致的增加，这位伟大的心理学家得出了如下结论：

在教育的三个阶段中，即儿童、青少年和青年时期，学校传授理论和教育知识的时间不断增多，而且由于要为各种考试、学位、文凭和证书而刻苦准备，学生们的学业负担不免过重。仅从这一点来考虑，我们的教育体系采用了最坏的方法，应用了不自然且反社会的制度，设置了过长的实际学徒期，呈现出寄宿学校制度、人力培训和机械式填鸭教育以及过度工作的特点，而没有考虑到学生需要为此付出的时间，没有考虑到学生的成人期和职能，没有考虑到年轻人将很快被现实世界所抛弃，没有考虑到我们所在的以及学生将要适应或被教导将奉献自己的社会实况，没有考虑到人们在这一体系中的苦苦挣扎以及他们的自我保护，并努力使自己保住之前已经准备好、武装好、训练好其已具备经验的立足之地。不可缺少的设备、更加重要的知识技能、扎实的常识与勇气以及良好的意志力，我们法国的学校无法为年轻人提供所有的这一切；相反，学校不但没有让学生具备这些良好的资历与素质，而且还泯灭了他们获得这一切的可能性。

因此，学生们在初涉社会并第一次踏入其行为领域的时候，他们会感受到深深的痛苦，而且这种影响会给他们带来长久的创伤与伤痛，有时候甚至会导致他们的死亡。这种测试是非常严厉而危险的。在这个过程中，他们的精神和道德平衡受到了影响，而且还有不会重新恢复的风险，而随之而来的就是他们对生活突然的、完全的幻灭。这种欺骗的后果过于严重，这种失望令人无法承受。

我们上面所说的是不是已经偏离了群体心理学的轨道？当然没有。如果我们想要理解当今民众群体中正在萌芽，而且不久的将来就要涌现出来的观念和信念，那我们必须要知道这些观念和信念所形成的基础是什么。教育使得一个国家的年轻人可以了解这个国家的未来。但是当前一代人所受到的教育却蕴含了最阴暗的预知。在某种程度上，是教导于教育，令民众的思想得以完善或遭遇恶化。因此，我们有必要证明，现行教育体系是如何塑造人们思想的，以及那么冷漠且中立的人是如何渐渐成为那些对社会不满大军中的一员，以及他们是如何准备好服从于乌托邦和雄辩家的所有暗示的。

当今世界，社会学家和无政府主义者已经进入学校，而且这些学校也为拉丁民族走向衰败而开辟了道路。

第二章　群体观点的直接因素

提要：

1.图像、词语和惯用语。字词和惯用语的魔力/词语的力量与它们所唤起的图像有着密切联系，而且不受它们真正意义的支配/这些图像随着时代的改变而改变，也因种族的不同而不同/词语含义的消磨/经常使用词语的含义多变的实例/人们会使用新的名称来定义那些为民众留下不良印象的旧词以添加政治效用/种族不同，词语的意义也各有不同/“民主”一词在欧洲和在美国的不同意义

2.幻想。幻想的重要性/它存在于所有文明的根基之中/幻想的社会必要性/在幻想与真理之间，群体总是倾向于选择幻想

3.经验。只有经验才能将必然真理留存在群体的脑海之中，并毁灭那些趋于危险的幻想/经验只在经常反复的情况下才能发生作用，这也就是说服群体所需的经验代价

4.理性。理性对群体而言是无效的/群体只会受到他们无意识情感的影响/逻辑在历史上所扮演的角色/导致不可能事件的秘密原因

我们刚刚研究的是赋予群体思想特殊感受性并使得某些情绪和观念的发展成为可能的间接因素和准备因素。现在，我们要研究的是能够直接发挥作用的因素。在接下来的一章中，我们将会看到这些因素该如何施行才能发挥它们的全面作用。

在本书的第一部分中，我们研究了群体的情绪、观念和理性思考的方法，而且从已经了解到的知识来看，在整体上减少他们脑海中的印象显然是很有可能的。我们已经知道了什么能为群体留下印象，并且还了解了暗示，尤其是图像暗示的力量和传染性。但是，正如暗示

可能有多个不同来源一样，能够对群体的思想产生不同作用的因素也是非常不同的。因此，我们要将这些因素分开来研究，这并非是无用的研究，而是非常有必要的。群体有点儿像古代寓言中的斯芬克斯：我们有必要为他们的心理学问题提出一个解决方案，否则我们就会任凭他们的摆布。

1.图像、词语和惯用语

在研究群体的想象力时，我们看到群体很容易对图像留下印象。这些印象并不总是伸手可取的，但是它们能通过合理运用词语和惯用语而激发出来。通过艺术的雕琢之后，这些图像在实际上便拥有了以前在“魔法之神”的帮助下才能获得的神秘力量。它们可以在群体的脑海中形成最可怕的大风暴，而反过来，它们也能够平息这场风暴。至于那些词语和惯用语力量的受害者，仅用他们的尸骨就能够为基奥普斯[①]法老筑起高耸的金字塔。

词语的力量与它们所唤起的图像有着密切的联系，而且不受其真正意义的支配。有时候，意义最不明确的词语反而拥有最大的影响力。比如说，民主、社会主义、平等、自由等词，它们的意义就非常模糊，以至于大量著作都无法精确表述出他们的含义。但确定的一点是，这些简短的词语拥有真正的魔力，就好像它们之中含有所有

① 基奥普斯（Cheops），公元前16世纪埃及法老，曾建金字塔。

问题的解决方案一样。在这些词语中，包含了最多样化的无意识愿望以及实现这些愿望的希望。

理性和论证是无法同某些词语和惯用语相对抗的。在同群体一起出现时，理性和论证总是一本正经而有些严肃，而且很快所有人就会表示出他们的敬意，并低下了他们的头。很多人都会把他们看作一种自然力，一种超自然力量。他们会在人的大脑中唤起宏伟而模糊的图像，但正是这种模糊才在不经意间为他们增加了一种神秘力量。它们都是神龛后面神秘的神灵，而虔诚的信徒们只能在恐惧和战栗中向它们靠近。

词语所激发出来的图像不受它们意义的支配，它们随时代和人的不同而不同。但是，惯用语始终都是一样的。某些短暂的图像附属于某些词语：词语只不过是唤醒图像的电铃。

所有的词语和惯用语都不具备激发图像的力量，虽然有些曾拥有这种力量，但却在使用的过程中失去了，而且也无法在人的大脑中唤醒任何的反应。然后，它们就都变成了无用的声音，主要用途是解除使用它们之人的思考义务。在使用我们年轻时所学的少量惯用语和常识武装自己之后，我们就拥有了遍历人生所需的一切，而且我们也不再需要对任何事进行乏味的思考。

如果你研究过任何一种特定语言的话，你就会看到，语言中所包含的词语在时代的发展过程中变化得非常缓慢，但是这些词语所唤起的图像或者它们的意义却在不停地变化。这就是我在另一本书中得出下列结论的原因：想要翻译一种语言，尤其是已经不再使用的语言，是完全不可能的。事实上，当我们用法语来代替拉丁语、希腊语或梵文的时候，或者甚至是当我们努力理解一本用两三个世纪前所用语言写成的书籍的时候，我们又是怎么做的呢？我们只不过是用现代生活在我们的智力中所赋予的图像和思想，取代了古代生活在种族思想中所形成的明显不同的观念和图像，而支配着那些种族的生存条件与我们的生存条件则全无类同之处。

当大革命时期的人想象着他们在效仿希腊和罗马历史的时候，除了为古代词语赋予了一种从未有过的意义之外，他们还做了什么呢？希腊制度和我们今天与其相对应的词语之间存在着哪些相似之处呢？在那个时代，共和国在本质上就是一种贵族制度，一种由一群对他们绝对服从的奴隶群体的专制暴君重新聚集在一起而形成的

制度。如果没有奴隶制，这些建立在奴隶基础上的公共贵族就不复存在。

接下来，再次以“自由”一词为例。当人们从不对自由的想法产生怀疑，当再也没有比讨论上帝和城市的法律与风俗更严重以及更多的异常犯罪事件发生，“自由”的含义与我们今天所说的“自由”在各方面有何类似之处？除了雅典或斯巴达的人民崇拜以外，“祖国”这个词对于雅典人或斯巴达人而言意味着什么？毫无疑问，这个词并不指那些总是处于战备状态的敌对城邦所构成的希腊。在古代的高卢，同样的“祖国”一词又有什么意义？高卢分为不同的敌对部落和种族，而且他们使用不同的语言，信仰不同的宗教，而且他们很容易就会臣服于恺撒的统治，因为他们当中总是会出现叛徒。是罗马建立了高卢国，并赋予它以政治和宗教功用。无须追溯到恺撒时期，仅追溯到两个世纪以前，我们就可以思考，“祖国”这个概念和法国王子，如与外国结盟而共同抵抗的大康地（Conde）时期的意义真的一致吗？然而，相同词语的意义与现代意义并无较大差别。曾移民海外的法国保皇党人认为，他们与共和国对抗是遵守了社会行为法则，而且从他们的观点来看，他们确实做到了这一点，因为封建法制是将诸臣子与君主，而非土地联系在一起的，所以他们认为，有君主的地方就是国家。

词语的意义所表现出来的因时代的更迭而发生深刻变化的例子数不胜数。我们对词语含义的理解程度，只能达到词语之前在长期影响下所形成含义的程度。

有人曾正确地指出过，就算是只理解“国王”和“王室”这种简单词语对于我们祖先的意义，我们也需要进行大量的研究。那么，如果是那些更加复杂的词语，情况又会怎么样呢？

词语的含义仅仅是多变而短暂的，它随着时代和民族的变化而变化；而且当我们希望能通过它们而对群体产生影响，那我们就需要知道群体在既定时间内赋予它们的含义，而不是它们之前对于不同心理群体中个体而言所具备或可能具备的含义。

因此，当群体因政治变动或信仰的变化而对某些词语所激发的图像产生深恶痛绝的感受时，如果后者因与传统体制密切相关而无法转变，那么真正的政治家首先要做的就是，在不伤害事物本身的情况下改变所使用的词语。很久以前，睿智的托克维尔（Tocqueville）就曾说过，领事馆和君主[①]的工作就是用新词代替大部分过去制度中所用的词语——也就是说，用其他带有新奇之处的新词来代替那些在群体的想象中留下厌恶印象的图像，以防止不良印象的形成。“租税”或“地租”被“土地税”所取代；“盐务税”被“盐税”所取代；“徭役”被“间接分摊和统捐”所取代；“贸易公司和工会税”被“许可证”所取代等。

因而，政治家最基本的职能之一就是，无论如何都要经受住流

① 拿破仑·波拿巴（Napoleon Bonaparte）是法兰西共和国的第一执政（1799—1802年）。1804年5月，法兰西帝国建立；1804年12月，教皇庇护七世为拿破仑加冕，拿破仑因此成为法兰西帝国皇帝。——编者注

行用语以及群体无法忍受其原有名称词语的考验。词语的力量非常强大，以至于足以用精选的词语代替令人厌恶的事情，并获得民众的认可。

泰纳曾公正地指出，正是通过使用自由和友爱——当时非常流行的词语——雅各宾派才能“建立起一个同达荷美共和国相媲美的专政国家，建立起一个类似于宗教法庭的法庭，以及完成与古代墨西哥相似的人类大屠杀”。就如同拥护者一样，统治者的用词艺术中要包含科学性。但是，这种艺术的最大难题之一就是，在一个同样的社会中，同样的词语对于不同的社会阶级而言有着极其不同的含义，他们表面上使用同样的词语，但实际上，他们所说的是不同的语言。

我们在前文的例子中可以看到，时间是改变词语含义的主要因素。但是，如果也将种族元素纳入其中的话，我们可以看到，在同一时期内，在同样文明程度的不同种族之中，相同的词语通常对应着极端不同的观念。由于没有深入研究，因此这一点可能难以理解，所以我们将继续深入研究这一问题。我所要研究的是，在不同民族中，词语含义差距最大的恰恰是那些民众最常使用的词语。比如说，我们当今经常使用的“民主”和“社会主义”这两个词。

事实上，在拉丁和盎格鲁—撒克逊思想中，“民主”和“社会主义”这两个词对应着相反的观念和图像。对于拉丁民族而言，“民主”更多地意味着个体对国家所代表的群体意愿和主动性的服从。在这种情况下，国家的权力日益增大，掌控着国内发生的所有事情，中央集权制、垄断和一切制造活动。所有的各方，包括激进分子、社会主义者或君主主义者，无一例外，他们都要服从于国家的命令。然而，在盎格鲁—撒克逊民族，尤其是位于北美地区的该民族群体中，“民主”一词的含义则与之相反。对于他们而言，“民主”意味着个人意愿的集中发展，而国家要尽可能地完全服从于个人意愿，除了警察、军队、外交关系以外，国家对于任何事物都没有指挥权，甚至也无权插手公共教育。

由此，我们可以看到，相同的词语对于一个民族来说可能意味着个体意愿和主动性的服从以及国家的压倒性优势，而对于另一个民族而言则可能意味着个人意愿和主动性的过度发展以及国家的完全服从[①]。

2. 幻想

自文明诞生以来，群体一直都受到了幻想的影响。相较于其他等级的人而言，他们为幻觉的创造者建造了数量更多的神庙、雕像和祭坛。无论是过去的宗教幻想，还是当代的哲学和社会幻想，我们总能在这个星球上相继繁荣发展的文明根源中找到这些令人敬畏的、至高无上的力量。卡尔迪亚王国和埃及的神庙，以及中世纪的宗教建筑都是为这些幻想所建造的，一个世纪前震撼了欧洲的历史巨变是因为

① 我在《民族演化的心理规律》一书中，曾用了很长的篇幅讨论拉丁民族和盎格鲁－撒克逊民族在民主理想方面表现出来的不同。布尔热在旅行之后，也在他的近作《海外》一书中独立地得出了几乎和我完全一致的结论。

这些幻想而发生的，而且我们的政治、艺术或者社会观念，它们无一都受到了这些幻想的强大影响。偶尔，在以残酷的动乱为代价的情况下，人们会推翻这些幻想，但是他们看起来似乎总是会再次陷入这些幻想之中。如果没有这些幻想，人们可能永远不会建立原始的国家，而且如果失去这些幻想，人们很快就会回到原始状态。毫无疑问，幻想就是毫无用处的影子；但是我们的梦想之子却已迫使各民族创造出光彩壮丽的艺术和光荣而伟大的文明。

> 如果一个人毁灭了博物馆和图书馆，如果一个人拆毁了教堂的石板墙，他便毁灭了人类所创造的所有艺术作品和纪念物，那么人类的伟大梦想还留下了什么？上帝、英雄和诗人之所以存在的原因就是给人们以希望和幻想，而如果没有这些希望和幻想，人们将无法生存。
>
> 在这50年间，科学似乎承担了这一任务。但是科学内涵中包含了对理想的渴望，因为它不敢滥用慷慨的承诺，因为它不能说谎。

上个世纪的哲学家们满怀激情地投身于对宗教、政治和社会幻想的摧毁之中，而我们的祖先已依赖这些幻想生存了数世纪之久。在他们毁灭了这些幻想之后，希望和顺从之泉也随之干涸。在这种不道德的妄想之后，他们所面对的是自然的盲目与安静的力量，而这些力量对软弱回以无情，对怜悯回以忽视。

尽管取得了诸多进步，但到目前为止，哲学已经无法提供足以让民众为之沉迷的理想；但是，由于他们会不惜任何代价实现自己的幻想，所以民众会本能地像寻找光明的昆虫一样，转向他们认为能给予他们以所想的雄辩家身上。在民族的演变过程中，是谬误在始终发挥着主要作用的因素，而非真理。而且，如今社会主义者的理性力量如此强大，是因为他们所构建的最后的幻想仍然十分有活力。尽管所有的科学证明依然存在，但是幻想仍然在发展。事实上，幻想的主要力量在于，拥护它们的人会完全忽视现实中的事物，并且会大胆地承诺会为人类创造幸福。今天的社会幻想建立在过去的废墟之上，而未来就掌握在它们手中。而对于民众而言，他们从未渴望过真理。他们抛弃了与他们品位不符的证据，如果再受到谬误的引诱，他们宁愿选择将谬误供为神明。无论是谁，只要能为他们带来幻想，这个人就会轻易成为他们的领袖；无论是谁，只要试图毁灭他们的幻想，这个人就会成为他们的受害人①。

---

① 影响群众的技巧几乎无须借助于逻辑规则，我对这种现象的第一次观察要追溯到巴黎围困时期。有一天，我看到一群愤怒的人把一个将军押到当时的政府驻地卢弗，因为他们怀疑他把设防计划卖给了普鲁士人。一位政府官员，一个非常出色的演说家，出来斥责那些要求立刻处死这名囚犯的人。我本以为，他在指出这种指控的荒谬性时，会说明这个军官实际上就是设防人之一，并且那种计划在每个书店里都能买到。令我大惑不解——当时我还十分年轻——的是，他说的话完全不同。“正义会得到伸张的！”这位演说家向那个囚犯宣布：“正义铁面无私。让护国政府来决定你们的请求吧。其间我们会把他监禁起来。”愤怒被这种让步所平息，人群立刻散去。十几分钟后将军便回到家里。如果讲话的人用逻辑论证去对付那群盛怒之下的人，他必定会被立刻撕成碎片。只因我少不更事，才会认为这种论证非常令人信服。

3. 经验

经验几乎是唯一能让真理在民众思想中留下根深蒂固的印象，让趋于危险的幻想破灭的有效途径。然而，为了达到这一目的，经验应该发生在非常大的范围之内，而且应频繁重复，这是非常有必要的。一般说来，上一代人的经验对于下一代而言并无用处，这也是为什么我们引用历史事实作为示范但却完全不起作用的原因所在。

它们的唯一作用就是证明，经验需要一代一代重复到什么程度才能产生影响，或者说才能成功地动摇根植于民众思想中的错误观点。

毋庸置疑，历史学家会将我们所生活的这个世纪以及前一个世纪作为一个有趣的试验时代，而在历史上的其他时代中，还没有人尝试做过如此之多的试验。

在这些试验中，规模最庞大的一次就是法国大革命。为了证明社会并不是完全根据纯粹理性的指示而重新建立的，必须将数百万人残忍地屠杀，而欧洲也应该深深地陷入20余年的动乱之中。为了以试验的方式向我们证明独裁者会让那些拥护他们的人付出代价，他们在50年的时间里就进行了两次破坏性的试验。尽管他们看起来都十分清楚自己的所作所为，但是他们似乎并没有完全信服。虽然如此，第一次代价就是300万人的生命和一次入侵，第二次代价就是领土的丧失以及启动常备军机制的重要性。就在不久之前，他们几乎已经尝试要付出第三次代价，而且很确定的是，这一天早晚会到来的。为了让整个国家都承认伟大的德国军队并非像人们30年前所想的那样，为了让大家相信他们是一支无害的国民警卫队，一场令我们心惊胆战的残酷战争必然要爆发。

为了让人们了解能采用这一政策的国家，至少需要20年的时间来完成灾难性的试验。这些例子还有很多，不胜枚举。

4.理性

在列举为群体留下深刻印象的因素时，如果不是一定要指出其影响的负面价值，所有关于理性的内容均可省略。

我们已经表明，群体不会受到理性思考的影响，而且仅能够理解那些简略拼凑起来的观点。因此，知道该如何引发群众共鸣的演说家总是会通过调动他们的情绪进行演说，而不是通过向他们讲述道理。逻辑法则对于群体而言没有任何作用。为了让群众信服，首先要做的就是彻底理解能够调动他们的情绪，假装和他们产生共鸣，然后努力通过基本分析以某些显著的暗示性观念来纠正他们的认识。如果有必要，这样才能回到开始的观点，而且最重要的是，时刻探索人们观念形成的来源。

在准备慷慨陈词并使其产生影响的时候，一个人就有必要根据其说话时产生的影响而不断改变语言。在这样的演讲中，演说家追随的是他自己的思路，而不是其听众的思路，仅从这一事实来看，他的影响就已经覆灭了。

具有逻辑思维的人习惯于相信一系列缜密的理性思考结果，因此当面对群体的时候，他们无可避免地也要依赖于这种模式，但是他们的论证结果总会让人们感到惊讶。“通常，基于三段论——也就是基于一致性的数学结果是命令式的，”一位逻辑学家如是写道，“即使是无机质量，如果它能够跟这种一致性相互关联的话，这种命令也会被同意。”毫无疑问，这句话是非常正确的，但是群体不会像无机质量那样遵守这样的关联，甚至都不理解。如果试图通过理性来说服原始人——比如野蛮人或儿童——这种方式并无多少价值，而且他们也不会理解论证所在。

甚至，如果想要获得对理性在对抗感情时无能为力表现的深刻理解，我们也没有必要降低至原始生物体的程度。我们只需要想一

法国大革命的爆发

想，几个世纪以前，与简单逻辑相矛盾的宗教迷信是多么顽强就可以了。在近乎2000年的时间里，大多数发光的天才也曾臣服于宗教迷信的条律，而到了现代，这些条律的正确性则引发了人们的激烈争辩。中世纪和文艺复兴时期有许多开明人士，但是没有一个人是通过理性思考而获得了对其迷信之事幼稚之处的理解，或者甚至也没有人对恶魔的罪行或烧死巫师这些事表示出丝毫的疑惑。

我们是否应该为群体从未受到过理性的指引而感到遗憾？我们不应该冒险去证实这一点。无疑，人类理性不会通过他们的幻想所激发出来的热情与刚毅而激励他们走上文明的康庄大道。我们很确定，这些幻想以及那些指引我们前进的无意识力量的不断延续是非常有必要的。每一个种族的精神体制中都有其命运的法则，而且他们所遵守的这些即使在明显冲动情况下也无抵抗冲动的法则才是最不理性的。有时候，看起来就像是各个民族会服从某些神秘的力量，而这些力量则与那些强迫橡子变成一棵橡树或变成一颗彗星并在其轨道中运行的力量相似。

如果想要对此有深刻理解，我们就必须探索人类的进化过程，而不是研究那些在进化过程中有时表现得非常明显的独立事实。如果我们将这些事实也纳入考虑范围，历史可能会成为一系列不可能事件的结果。一位加利利的木匠[1]不可能成为一个在两千年的时

[1] 指耶稣。其父为木匠，居住于加利利地区。——编者注

间里叱咤风云的全能上帝，而且人们还会在其统治时期发现最重要的文明遗迹；一群来自沙漠的阿拉伯人不可能会征服大部分的希腊——罗马世界——并建立起一个比亚历山大的帝国更加伟大的帝国。此外，在欧洲的高度发达时期，军队的炮兵中尉也不可能有能力成功统治众多民众和王国。

那就让我们把理性交给哲学家，也不再强烈地坚持认为人类的统治过程中有理性的干预。理性并不是所有文明的主要动力，但是尽管理性也是其中的一部分，文明的动力来源于多种情绪——比如荣誉感、自我牺牲、宗教信仰、爱国主义和对光明的热爱。

第三章　群体的领袖及他们的说服方法

提要：

1.群体的领袖。构成群体的所有人对服从于其领袖的本能需求/群体领袖的心理/只有他们才能赋予群体以信念并使他们形成良好的组织/领袖的独裁专制/领袖的分类/领袖的意志所扮演的角色

2.领袖的行为方式。断言确定、重复、传染/各种因素作用于各自的不同部分/从社会的下层阶级到上层阶级蔓延的传染方式/一种广受欢迎的观点很快就会变成一种普遍观点

3.威望。威望的定义及不同的分类/习得威望和个人威望/具体实例/损害威望的方式

现在，我们已经了解了群体的心理构成，而且我们也知道了什么样的动机能在他们的大脑中留下印象。所以，我们接下来要研究的是这些动机是如何发挥作用的，以及什么人才能将它们转变为实际的有效力量。

1.群体的领袖

一旦一定数量的生命体聚集在一起，无论是动物还是人类，他们

都会本能地处在一个权威领袖的统治之下。

如果是人类群体，那么这个群体的领袖通常不过是一个主谋或者煽动者，但是他在群体中却扮演着非常重要的角色。他的意愿就是群体观点的核心，而且会得到大家的一致认同。他构成了异质群体组织的第一要素，而且还为他们的组织中派别的建立扫清了障碍；与此同时，他还是组织中人员的领导者。如果没有了领袖，群体就像一个没有了领头羊的羊群，手足无措。

通常情况下，领袖最初都是群体中的一员。随后，他在成为某些人的信徒之后就会对他的理念十分着迷。他对这些观念的沉迷已经达到了一定的程度，以至于除了这些观念以外，他再也无法感知到外部世界，而且所有与这些观念相反的观点于他而言都是错误的或迷信。以罗伯斯庇尔为例，他就对卢梭（Rousseau）的哲学理念十分入迷，并且还通过宗教法庭来传播这些理念。

我们所说的领袖更多地指的是行为领袖，而非思想领袖。这些领袖生来并没有敏锐的观察力，他们也不可能会有这样的天赋，因为这种品质通常会引起疑惑或令人萎靡不振。在那些患有精神疾病的、易激动的、半疯狂且接近疯狂的人中，这种人的数量尤为之多。或许他们所赞成的观点或者他们所追求的目标有些荒谬，但是他们的信仰却非常坚定，他们在信仰面前完全丧失了理性思考的能力。他们不会因为他人的轻视和烦扰而受到影响，或者这些只能激励他们变得更加顽强。他们可以为个人利益、他们的家庭——所有的一切而牺牲自己。他们完全失去了自我保护的本能，甚至于他们所要求的唯一赔偿就是以身殉职。他们对信仰的忠诚为他们的话题赋予了强大的暗示力量，因此群众总是会准备好对自己卓越领袖的话语洗耳恭听，而他们也总是知道该如何将自己的意愿强加在群众的思想之中。群体中的人们失去了所有的意志力，而且他们会本能地臣服于拥有他们所缺乏品质的人。

各个民族从来都不缺少领袖，但是所有的这些领袖都并非受到适用于信徒的坚定信仰的激励。这些领袖都是些狡猾的雄辩家，他们只关心自己的个人利益，而且会通过其阿谀奉承的本能来达到这一目的。他们通过这种方式所发挥出的影响力可能会非常大，但是这些影响总是暂时的。对信仰充满热忱的人会撼动群体的灵魂，比如隐士彼得（Peter）、路德（Luthers）和萨沃纳罗拉（Savonarolas）[①]以及法国大革命的烈士们，他们都是在自己被一个信条所征服以后再以此征服其他的人。然后，他们便可以在他们追随者的灵魂中召唤出一种坚不可摧的力量，即人们所说的信仰，这样一个人就会成为其梦想的绝对奴隶。

信仰的唤起——无论是宗教的、政治的还是社会的，无论是工作中的、人际交往中的还是思想中的——始终都是群体领袖的最大功能，而且他们在这一方面的影响力非同凡响。在可任凭人类使用的

① 隐士彼得（1050—1115），法国修士，创建修道院，并曾率信徒到达耶路撒冷布道。路德（1483—1546），德国宗教改革家、新教创始人，影响遍及整个基督教世界。萨沃纳罗拉（1452—1498），文艺复兴时期意大利著名教士，对当时的意大利政治和宗教生活有过重要影响。

所有力量中，信仰总是最惊人的一种力量，而且福音书上也指出，信仰拥有排山倒海的力量。

赋予一个人以信仰就相当于将他们的力量都汇集成一股无比强大的合力。重大历史事件都是由那些无知的信徒造成的，除了他们的信仰以外，他们对这个世界一无所知。统治了世界，或者在广阔帝国中流传的伟大宗教并不是在博学者或哲学家的帮助之下建立起来的，而且也不是在怀疑论者的帮助之下建立起来的。

但是在刚才所述的情况中，我们所讨论的都是伟大领袖，而且在历史上，这种伟大领袖的数量是非常少的，所以我们很容易会想起他们的名字。他们都是连绵群山的巅峰，在他们这些强大的领袖之下是无数臣服的工人，在烟雾缭绕的小酒馆中，这些领袖会慢慢地在这些人的耳畔不停地反复灌输一些固定的词语，以至于让他们对此着迷。关于这些词语的含义，他们可能并不理解，但是他们认为，将这些话语付诸实践之后，所有的梦想以及希望便都可以实现。

在每一个社会领域中，从最高等级到最低等级，只要一个人不再是一个独立的个体，他便会迅速臣服于一位领袖的影响之下。尤其是在群体中，无论是在其专业之内还是之外，大多数的人对任何事物都不具备清晰的理性思想。对于群体而言，领袖就是他们的引导者。虽然领袖可能会被定期出版物所替代，尽管效果可能并不尽如人意，但是这些出版物为他们的领袖制造舆论，并且还会为他们提供一些现成的词语，可以让群众对他们的话失去理性思考的需求。

群体的领袖享有一种非常专制的权威，而且这种专制实际上就是他们之所以能够拥有众多追随者的一个条件。人们经常说，尽管并没有得到他们权威的任何支持，但是他们总能轻易地获得最混乱的工人阶级的服从。他们有权确定劳动时间和工资水平，他们有权颁布罢工的法令，这些权力都是伴随着他们的任命而附带的。

当今世界，这些领袖和煽动者越来越倾向于不同程度地夺取公共机构的地位，因为后者允许抢夺他们的权利。这些新的领袖所拥有的这些暴力专制权使得群体相对于政府而更加听命于他们的命令。

如果出现一些事故或者其他事情，群体的领袖就会失去自己的领导地位，而群体就会回到没有凝聚力和抵抗力的原始状态。在巴黎公共马车雇工的最后一场罢工期间，在指导他们罢工的两位领袖遭到逮捕之后，罢工立即就结束了。始终在群体的灵魂中占据主导地位的并不是自由的必要性，而是奴役性。群体对其领袖是绝对服从的，以至于他们会本能地顺从于宣称是他们主人的人。

根据明确定义，这些主谋和煽动者们可以分成两个类别。其中一类是那些精力充沛且富有占有欲的人，但是他们意志力都是暂时的。而其他人的意志力相较于前者而言是非常持久的。关于这一话题，我们首先要提到的就是暴力、勇敢和无畏。法兰西第一帝国的奈伊（Ney）和穆拉特（Murat）就是这类人，而且我们现在时代的加里波第（Garibaldi）也是这类人。加里波第是一个没有能力但却十分有精力的冒险家，他曾成功带领一小队人马攻占了那不勒斯王国，尽管他辩称那是一支纪律严明的军队所为。

尽管我们需要认真考虑这一类领袖的充沛精力，但是这种力量是非常短暂的，而且也几乎无法持续到其所产生的激发原因发挥出作用之后。当我们回到这些英雄们的日常生活，就像我刚才所说的那样，这些精力所激发出来的能力会暴露出他们惊人的性格弱点。尽管他们能够领导别人，但是看起来，他们无法在最简单的环境中思考并支配自己的行为。除了受到自身引导或受到持续刺激的情况之外，这些领袖们无法履行他们的职能，即作为人们及他们思想的灯塔，他们会遵守明显有迹可循的行为准则。第二类领袖是拥有坚定意志力的人，而且尽管并不耀眼，但是他们的意志力能够产生相当大的影响。在这一类人中，包含宗教和伟大事业的真正创始人；比如，圣保罗（St. Paul）、穆罕默德（Mahomet）、克里斯多弗·哥伦布（Christopher Columbus）以及德·雷塞布（de Lesseps）。

无论他们是智力超群还是心胸狭隘，这些都不重要；这个世界是属于他们的。他们所拥有的持久意志力是非常罕见的，而且也是一种可以征服一切的强大力量。然而，一种强大而持久的意志力并不总是能够得到适当的赞赏。但是，无论是自然、上帝，还是人类，任何事物都无法与之对抗。

关于什么会受到我们所赋予的强大而持久的意志力的影响，我们以距离我们年代最近的德·雷塞布为例加以探讨。德·雷塞布将世界分成了东方世界和西方世界，而且他还完成了一项最伟大的统治者在3000年的时间里都没有成功的任务。后来，他在完成另一试验的时候失败了，但是这是因为他已不再年轻，所有事物，甚至包括意愿，所有的一切都要向时间屈服。

如果想要表明人类仅通过意志力可以做到什么，我们只需要了解一下关于苏伊士运河的开凿所需攻克难题的历史细节问题即可。当时的一位目击者，卡札利（Cazalis）先生记录下了这一伟大历史事件的发生经过：

> 日复一日，一点一滴，他无时无刻不在讲述着运河的惊人故事。他讲述着他需要克服的所有难题，讲述着他让不可能化为可能，讲述着他所遇到的所有反对，讲述着人们为反对他而结盟，以及最终也没能阻止他或让他沮丧的那些失望、背叛和挫败。他回忆起英格兰对他的打击和无休止的攻击，回忆起埃及和法国的犹豫不决，回忆起法国领事在工程

初期是如何反对他，以及他遭遇反对的性质，而且有人还试图以不为其工人提供饮用水而迫使他们逃离工地；他还回忆起海事部的人和那些工程师，所有这些有经验且接受过专业培训的负责人都对他充满了敌意，他们宣称从科学的立场上来看大难将至，而且还计算了灾难降临的日期，就像是预测月食一样。

关于这些伟大领袖的所有书籍中都不会出现很多的名字，但是这些名字早已与文明历史中的重大事件有着密切的关联。

2.领袖的行动方法：断言、重复和传染

如果想要在短时间内煽动一个群体并诱导他们做出任何性质的行为——去掠夺一座宫殿，或者誓死保卫战略要塞或街垒，比如——群体必须对暗示快速做出反应，而且对群体中榜样的作用尤为明显。然而，要实现这一目标，群体有必要在某些情况下预先准备好，而且最重要的是，希望达到这一目的的人应该具备我们接下来将要研究的这种品质，我将其称为威望。

但是，当领袖们打算向群体灌输一些思想和信念时——比如说，现代社会理论——他们必须依赖于不同的手段。他们有三个定义明确的主要原则——断言、重复和传染。虽然这些方法的作用表现有些缓慢，但是它们的影响一旦形成就会非常持久。

断言是纯粹而简单的，无须进行理性思考，也无须任何证据，这是让一种观念进入群体大脑最可靠的方式之一。

群体领袖的断言越是简洁，证据和证明看起来就越是贫乏，因此其断言也就愈加重要。所有年代的宗教书籍和法典都依靠于简单的断言。号召人们反抗政治动因的政治家，以及利用广告而推进销售额的商人都很了解断言的价值。

但是，除非不断重复而且尽可能使用同样的词语，否则断言并没有任何的实际价值。我认为，拿破仑曾经说过，只有一种修辞法是十分重要的，那就是重复。通过重复，所确认的事情能够以最终作为经过证明的真理的方式在人的脑海中稳定下来。

当看到这种力量在最开明的人身上发挥作用的时候，我们就可以理解重复的影响力了。这种力量的产生是因为，从长远来看，重复的内容会进入到我们无意识自我的深层区域，而我们的行为动机就是在这里形成的。

在特定的某个时候，我们就会忘记这些重复断言的来源，并选择相信这种断言。因为这种情况的发生，广告便拥有了惊人的力量。当我们听到成千上万次X巧克力是最好的巧克力这种说法的时候，我们会想象我们已经听到周围的人都这么说，然后我们最终就会认定这就是事实。当我们听到千万次Y药粉已治愈过众多患有顽固性疾病的知名人士之后，当我们患上某种类似的疾病时，我们最终会禁不住诱惑而尝试这种药粉。如果我们总是看到报纸上说A声名狼藉，而B则忠厚老实，除非我们阅读到对此表达出相反意见，即与前面对两人的评价正好颠倒的报纸，那么我们最终会被说服并认为这就是事实。

断言和重复，即便单独使用其中一种方法，其力量也足以让它们彼此对抗。

当断言得到充分的重复，而且重复也获得了一致意见——就像某些著名的金融项目一样，参与者的财力足以使其获得所有的帮助——然后，所谓的流行观点就会形成，而且传染的强大机制就会开始发挥作用。群体所拥有的观念、情绪、情感和信念就像微生物一样，都具有强大的传染性力量。这种现象是非常自然的，因为甚至是当动物们聚集到一起的时候也会出现这种情况。如果马厩里的一匹马咬住它的饲养者，马厩中的其他马也会模仿这匹马的行为。如果几只羊受到惊吓，那么这种惊吓很快就会蔓延至整个羊群。在人类群体中，所有的情绪都是可以很快传染的，这也解释了人群中为什么会出现突然的惊慌。就像疯癫一样，大脑紊乱自身也是会传染的。在疯癫科的专业专家中，经常有医生也会患上疯癫病。事实上，人们最近经常提到一些疯癫病——比如广场恐惧症——这种病可在人类和动物之间传染。

对于顺从于传染的个体而言，同时出现在同一地点并不是一种必要条件。有些事件能够向所有人传达出一种独特趋势以及群体所特有的特点，在这些事件的影响下，即使距离很远的人也能感受到传染的作用。当人类大脑已经准备好经受我之前所研究的间接因素影响的时候，这一点尤为突出。

关于这一点的例子就是1848年的革命运动。当时，革命运动在巴黎爆发以后很快就传到了欧洲的大部分国家，而且也撼动了多国的王权。

在社会现象中，想象发挥了非常重要的影响，但是从现实角度来看，想象也只不过是传染的作用结果。由于我之前在别处已经研究过这种影响，所以在这里我将为大家再现一下我15年前对于该课题的研究成果。在其他作者的近期出版作品中，他们已经对我的观点做出了发展。

> 就像动物一样，人也有一种模仿的自然趋向。对于一个人而言，如果模仿都是十分容易的，那么模仿就是必然的。正是这种必然性使得我们所说的时尚有了如此强大的力量。无论是观点、思想、文学表现，还是衣着品位，有多少人有勇气与时尚背道而驰呢？在群体中，指引他们的是榜样，而不是论证。每一个时期都有少数个体能对其他个体产生影响，而且大众也会无意识地模仿他们。但是，这些个体不能太过于明显地反对为大众所接受的思想，这一点是非常有必要的。如果他们这么做的话，会使得大众对他们的模仿太过于困难，而且他们的影响力也会下降至零。由于这个原因，相对于其所在时代太过于超前的人通常不会对这个时代产生影响。这是因为，个体与时代之间的分界线太过于明显。也正是由于相同的原因，尽管欧洲人的文明拥有众多优势，但是他们对东方人并没有产生意义重大的影响，这是因为东西方之间的差距太大了。

从长远来看，在过去以及相互模仿的双重作用下，同一国家以及同一时期的人都非常相似，甚至是那些看起来注定要逃离这种双重影响的人，比如哲学家、学者和作家。他们的思想和风格也散发着一种相近气息，这使得我们很容易就辨别出他们所处的时代。此外，我们与一个人促膝长谈就可以知道他所阅读的书籍、他的理想职业，以及他周围的生活环境。

传染的力量非常强大，它不但可以强迫个体接受某些观点，还可以改变他们的感觉模式。在一个时期中，某些书籍——以《唐豪瑟》[①]为例——认为传染是产生轻视的原因所在，几年之后，那些曾经批判它们的转而对它们赞赏有加。

群体的观点和信念尤其会因为传染，而非理性思考而传播开来。目前，这种概念在工人阶级中十分盛行，这是工人们在公共场所因断言、重复和传染的作用而了解到的。事实上，每一个时代中群体信念的形成模式几乎并无不同。勒南（Renan）[②]曾将基督教的第一创立者与“在公共场所传播思想的社会主义工人”进行了适当的对比；但

① 唐豪瑟（Tannhauser）是13世纪的一名德国诗人，后成为民间传说中的人物。此处应指瓦格纳的歌剧《唐豪瑟》，上演于1845年。

② 勒南（1823—1892），19世纪法国思想家，对哲学、宗教和史学有深入研究。一生致力于以人文主义立场缓和科学与宗教之间的冲突，著作有《耶稣传》《道德和批判文集》《法国的君主立宪制》等。

是伏尔泰（Voltaire）[1]在研究基督教时早已得到结论："100多年以来，它只不过是被一些乌合之众所接受。"

我们需要注意到，与我之前所引用的情况类似，继在大众阶级中发挥作用以后，传染已经传播到更高的社会阶级之中。这是我们目前看到正在发生的，社会主义学说已经开始获得将要成为其第一批受害者的支持。传染是一种强大的力量，个体的情绪甚至会在它的影响下消失。

这一点可以作为下列事实的解释：无论观念的荒谬性是多么明显，为大众所接受的每一种观点总是会成功地被灌输给最高的社会阶级。这种社会下层阶级对上层阶级的反作用更加令人感到好奇，因为群体信念总是或多或少地来自于更高深的思想环境，而在他们信念的形成范围内却并没有受到影响。当群体的领袖或者煽动者在被这种更高深的思想所征服以后，他们就会抓住它、扭曲它并创建一个宗派并继续扭曲它，然后再将这种思想传播给大众，而大众会进一步促进这种观念的扭曲发展。在成为一种广泛流行的真理之后，这种思想就会回到其发源地，并对一个国家的上层阶级产生影响。从长远来看，是智力塑造了世界的命运，但是其影响都是间接性的。哲学家们的思想通过我在上面所提到的这一过程而取得胜利的时候，那些提出这些思想的哲学家们早已尘归尘，土归土。

---

① 伏尔泰（1694—1778），法国启蒙思想家、文学家、哲学家，主张开明的君主政治，强调自由和平等。

3. 威望

在断言、重复和传染的过程中，思想在它们所处环境的作用下会获得一种巨大的能力，所以它们便有了一种神秘的力量，即威望。

无论统治世界的是什么力量，无论这种力量是思想还是人，这种力量都会通过“威望”所具有的不可抗拒的力量来加强其权威。关于“威望”这个词的含义，所有人都了解，但是这个词的使用方式却非常不同，所以我们也不能轻易对其下定义。威望可以包含很多种情绪，比如赞赏或者恐惧。有时候，即便这些情绪都是构成威望的基础，但是如果没有这些情绪，威望也可以很好地存在。过世之人拥有最高的威望，而他们就是我们不再畏惧的人——比如亚历山大、恺撒和佛祖。另一方面，还有一些我们并不赞赏的虚拟人物——印度寺庙中那些怪异的神明——但是他们因为具有伟大的威望而令我们感到恐惧。

在现实中，威望是一种支配力量，它可以通过一个个体、一件作品或者一个思想而作用于我们的大脑。这种支配力会完全麻痹我们的批判能力，而且会让我们的灵魂中充满惊讶与敬畏。就像所有的情绪一样，这种力量所激起的情绪是莫名其妙的，但是这种情绪与对一个有吸引力的人的迷恋是一样的。威望是所有权威的主要动力，上帝、君王或者女性都不能失去这种力量。

威望的种类各不相同，但整体上可以分为两大类：习得威望和个人威望。习得威望来源于人的头衔、财富和声誉，这种威望可不受个人威望的支配。而与之相反，个人威望在本质上则是个体所特有的；它可以与声誉、光荣和财富共存，或者可以在它们的作用下得以加强，但是如果没有了声誉、光荣和财富，个人威望也将不复存在。

习得威望或者人为威望是最常见的一种威望。

无论个体的个人价值是多少，个体占据某些地位、拥有某些财富或者享有一些头衔等这些事实会赋予其一种威望。身着制服的士兵、身穿长袍的法官总会享有威望。帕斯卡（Pascal）[1]曾恰当地指出，长袍和假发是法官的必需品。如果没有了长袍和假发，法官就失去了一半的权威。即便是最坚定不移的社会主义者，他也总是会多少受到王子或世袭贵族外表的影响；而且这些头衔会让凌驾于一位商人之上变成一件非常简单的事[2]。

我刚才所说的威望是通过人来实施的；除此之外，一些观点、

① 帕斯卡（1623—1662），法国思想家，在数学、物理、神学和文学上都有重要贡献。

② 各国都可以看到头衔、勋章和军装对大众的影响，甚至个人独立意识最发达的国家也不例外。我在这里引用一段最近一本游记里的话，它记述了英国的大人物们所享有的名望：

在许多场合我都看到，即使最理智的英国人，也会因为同一个英国贵族沾亲带故或因为看到了他而兴奋不已。

如果他的财产能够使他保持自己的身份，他事先便可断定他们爱戴他；只要能与他交往，他们会心甘情愿地把自己的一切都交到他手里。看得出来，当他露面时，他们高兴得脸上泛红；如果他向他们说话，压制不住的愉快会让他们面红耳赤，眼睛里闪烁着不同寻常的光芒。这么说吧，他们的血液里就流淌着对贵族的崇敬，正像西班牙人热爱舞蹈、德国人热爱音乐、法国人喜欢革命一样。他们对骏马和莎士比亚的热情不是十分强烈，这些东西带给他们的满足和骄傲也算不上他们生活不可分割的一部分。讲述贵族的书销路相当不错，任何地方都可以看到它们，就像人手一册的《圣经》。

文学和艺术作品等也具有一定的威望。通常，后者所拥有的这种威望只不过是重复积累的结果。历史，尤其是文学和艺术的历史不过是一些同样判断的重复，而没有人想要努力证实这些历史。最终，所有的人都只是重复他们在学校所学到的知识，直到一些没有人敢加以扰乱的姓名和事物的出现。对于现代读者而言，精读荷马（Homer）的作品肯定是非常无聊的；但是有谁敢这么说呢？就其目前的状态来说，帕特农神庙就是一堆经历悲惨变故的废墟，已完全没有任何利益可言，但是它的威望却并不像我们今天看到的它一样破败不堪，这是因为它与历史记忆密切相关。

威望的这些特性能够阻止我们看到事物的真实面目。通常情况下，群体和个体总是会迫切需要获得对所有事物的现成观点。这些观点的普遍流传并不会受到它们所包含的真理或谬误的支配，而是只受到威望的控制。

现在，我们要探讨一下关于个人威望的问题。个人威望的本质与我刚才所论述的人为威望或习得威望的本质截然不同。个人威望不受所有权威头衔的支配，而且只有少数人具备这种能力。尽管这些少数人与其周围的人们在社会等级方面是平等的，而且他们也没有掌握所有普通的支配方式，但是他们对于身边人而言有着真正的吸引力。这些人可以强迫他们接受其思想和情绪，而且他们也会遵守这些人的要求，就像是驯兽师可以轻易让动物听从他们的指令一样。

群体的伟大领袖，比如佛祖、耶稣、穆罕默德、圣女贞德和拿破仑，他们都拥有高度的威望，而且这种威望均来源于他们的地位。上帝、英雄和教义之所以能够被这个世界所接受，是因为它们都具有深入人心的力量。人们是不能讨论它们的。事实上，只要我们一开始讨论，它们就会消失。我刚才所说的那些伟人在为人们所熟知之前就拥有了强大的吸引力，如果没有这种力量，他们也不会成为伟人。例如，当拿破仑达到其荣耀顶峰的时候，很明显他便拥有了至高无上的威望，但是当他还没有任何权力且只是一个无名小卒的时候，他就已经拥有了这种威望。当他还是一位无名的将军时，他被派去指挥意大利军队参与重要任务。但是，他发现自己身边都是一群粗暴的将军，而且他们想要给这个总督派来的年轻军官一点颜色瞧瞧。从一开始，当他们首次见面的时候，这些人并没有讲话、没有问候也没有威胁彼此，而是在第一眼看到在日后成为伟人的拿破仑将军的时候就被他所折服了。后来，泰纳从当时的回忆录中找到了关于这次会面的有趣记录。

> 包括奥日罗（Augereau）在内，师部的将军都是一群恃强凌弱的暴徒，他们粗俗而野蛮，并且为他们的高大身材而感到骄傲。他们来到部队之后，对巴黎派来的暴发户感到十分不满。由于他们已经收到了关于他能力的相关描述信息，但是奥日罗计划对他无礼以待而且还不听从他的命令。一位因旺代战役而得到军衔的将军，他之前就一直参加巷战，而且他看起来有些悲观，因为生活清贫所以他一直都非常希望能隐居，而且他还有着数学家和梦想家的美名。他们被带进来以

> 后，波拿巴一直让他们等着。最后，波拿巴带着自己的佩剑出现了；他戴上了自己的帽子，解释了他所采取的措施，下达了命令并让他们离开。奥日罗始终保持缄默；只有走出去之后他才重新找回了自信，而且也能像以往一样口若悬河。他向马塞纳（Masséna）承认，在见到这位小个子的恶魔将军时他就产生了一种敬畏感；他无法理解他身上的那种气魄，但是在见到将军的第一眼，他就被这种气魄所淹没了。

成为伟人之后，拿破仑的威望随着他的荣耀与日俱增，而且在他的手下眼中，他的威望和地位至少等同于神。旺达姆（Vandamme）将军，一位典型的大革命军人，他为人特别粗鲁，甚至比奥日罗还要野蛮。1815年，他和阿纳诺一起登上杜伊勒里宫的楼梯时对他说起了拿破仑：“那个恶魔一样的人对我有一种吸引力，我自己也解释不清楚，而且这种吸引力让我不再畏惧上帝或者恶魔，当我看到他的时候，我会像个孩子一样发抖，而且只要他要求，我就会穿过针眼，甚至是纵身火海。”

所有与其有过接触的人都被拿破仑的这种吸引力所折服。

达乌（Davoust）在谈及马雷（Maret）[①]的献身时曾说道：“如果皇帝告诉我们，‘巴黎应该在无人离开或逃走的情况下被毁灭，这在我的政策利益中是非常重要的’，我确定，马雷一定是保守这个

① 达乌，拿破仑的名将之一。马雷，先后担任过拿破仑的国务秘书和外交大臣等要职。

秘密，但是他还没有放弃，他还是希望看到自己的家人能够安全地离开这座城市。在另一方面，由于担心说出真相，所以我会让自己的妻子和孩子继续留在这里。”

我们必须要记住这种有吸引力的命令所拥有的这种惊人的力量，这样我们才能理解拿破仑从厄尔巴岛返回的这一惊人之举。他孤身一人，面对着对暴政感到厌倦的所有组织力量，但却以闪电般的速度征服了法国。他只需要看一眼那些承诺要竭力完成使命的将军，他们便会为他赴汤蹈火。

英国将军沃斯利曾写道：

> 拿破仑，一个来自厄尔巴岛的逃亡者，他几乎是只身一人来到法国的。几周之后，在没有发生流血事件的情况下，法国的权威组织便被统统推翻；对于一个想要证明其个人优势的人而言，还有比这更惊人的方式吗？在他的最后一场战役中，从开始到结束，他到底对同盟国施加了多么非凡的压力才能让他们顺从于自己，而且当时他差一点儿就能打败他们！

拿破仑的威望超越其寿命，而且还在继续增长。而且正是因为他的这种威望，他的一个不知名的侄子最后成为一代君王。

在今天，拿破仑的传奇故事依然不绝于耳，这足以证明他在人们的记忆中拥有多么强大的力量。按照自己的意愿对他人为所欲为，残忍地屠杀上百万人，并以此作为入侵的原因，如果你拥有一定高度的威望和相应的才能，你所做的这一切都是被允许的。

毫无疑问，我所说的这些都是威望的异常情况。但是，这些例子可以很好地解释清楚那些伟大宗教、伟大教义和伟大帝国的起源。如果不是威望对群体所产生的力量，这些发展都是不可能的事。

但是，威望并不仅仅是建立在个人权势、军功和宗教恐惧之上的；它也可以拥有一个更加谦逊的来源，但其影响力仍然是非常大的。我们这个时代就有一些相关的例子。其中，最引人注意的一个是，世世代代的子孙后代将会从历史中了解到那位通过分离了两

第一执政（拿破仑）从圣贝尔拿特隘口翻越阿尔卑斯山

个大洲而改变全球的面貌以及各个国家之间的商业关系的杰出人士——斐迪南·德·雷赛布。他通过自己强大的意志力使其企业获得了成功，但是除了意志力以外，他对于周边人的吸引力也与此密不可分。为了克服他所遇到的一致反对，他只能展示出自己的独特魅力来让那些反对他的人信服。他会向他们做出简短的说明，而面对他所施展出来的魅力，他的反对者们就会成为他的朋友。起初，英国人对他的反对尤其强烈；他只能到英格兰去拉拢所有的选票。后来，当他路过南安普敦的时候，他途经的地方就会响起铃铛声。如今，英格兰正在举行一场运动，而且人们还竖起了他的雕像以示怀念。

“在克服了一切可以克服的困难之后，无论是人、是物，还是沼泽、岩石和沙荒”，他相信，前方再也不会有任何障碍，而且他也希望运河能再次流经巴拿马。所以，他用同样的方式再次开始了征程；但是这一次，他已不再年少，而且他的信念也不像之前一样坚定，因而也没有了排山倒海的力量。在遭遇了种种顽强抵抗之后，随之而来的灾难彻底淹没了这位英雄的所有光辉。德·雷赛布的一生让我们看到了威望是如何增加以及如何消失的过程。在赢得了媲美伟大的赞誉之后，这位历史上最著名的英雄被他所在国家的地方法官判为十恶不赦的罪犯。当德·雷赛布去世以后，他的灵柩无人看守，而且路过的群众对此也漠不关心。

只有一些外国的君主对这位历史上最伟大的英雄表示了敬意与

深深的怀念[①]。

然而，刚才所引用的不同的例子都是极端的情况。为了更加深入地了解威望的心理学影响，我们有必要将这些例子放到一系列极端的事件中来分析，比如从宗教创始人和帝国的建立者，到努力向邻居炫耀一件新大衣或新的装饰品的个人。

在这一系列的极端事件之间，我们可以找到文明的不同组成元素——科学、艺术、文学等所带来的所有形式的威望，而且我们也可以看出，威望构成了说服的基本元素。

自觉或不自觉地，拥有威望的人、思想或者事物会在传染的作用

---

① 一家奥地利报纸，维也纳的《新自由报》用很长的篇幅谈论了雷赛布的命运，其中的思考堪称最卓越的心理学见识，因此我把它转引如下：

在斐迪南·德·雷赛布受到指挥后，人们无权再对哥伦布的可悲下场表示惊讶。如果雷赛布是个骗子，那么一切高贵的行为便都成了犯罪。古人会用荣耀的光环来纪念他，会让他饮下奥林匹克的甘露，因为他改变了地球的面貌，完成了使万物更加完美的任务。上诉法院的首席法官因为指控斐迪南·德·雷赛布而成了不朽的人物，因为各民族总是需要一些人，他们不害怕把罪犯的帽子扣在一位老人头上——他的一生为当代人增光——以此贬低自己的时代。

在资产阶级憎恨大胆创举的地方，再也不要谈论什么不可动摇的正义的未来！民族需要勇士，他们充满自信，克服了所有的障碍，不在乎个人的安危。天才不可能谨小慎微，一味谨小慎微，是绝对不可能扩大人类的活动范围的。

……斐迪南·德·雷赛布知道凯旋的狂喜与挫折的创痛——苏伊士和巴拿马。在这一点上，这颗心对成功的道德进行了反叛。当雷赛布成功地贯通了两个海洋时，国王和人民向他致敬；相反，当他败在科迪雷拉斯的岩石面前时，他不过是个毫无教养的骗子。……从这种结局中我们看到了社会各阶级之间的战争，看到了资产阶级和雇主们的不满，他们借助于刑法，对那些在其同胞中出类拔萃的人施以报复，在面对人类天才高远的理想时，现代立法者心里充满窘迫，而公众对这些理想也不甚理解。一个大律师不难证明，斯坦利（比利时著名探险家）是个疯子，德·雷赛布也是个骗子。

下立即被模仿，并且会推动整整一代人接受某些感受模式或表达其想法的方式。而且，在通常情况下，这种模仿是无意识的，这也就解释了它尽善尽美的这一事实。那些临摹原始人单调而呆板作品的现代画家，几乎无法找到其灵感的来源。他们相信自己的真诚，但是如果一位杰出的大师无法让这种艺术形式重生，人们就会继续盲目地只看到其幼稚而低级的方面。那些效仿其他著名大师的艺术家们在他们的画布上涂满了紫罗兰色的阴影，但是他们在自然界中所看到的紫罗兰远不如50年前那般多。然而，这是因为他们受到了其他画家和特殊印象的“暗示”的影响，尽管这位画家有些古怪，但他却事业有成而且还收获了较高的威望。在文明的所有要素中，相似的例子还有很多。

从上文中我们可以知道，威望的起源与很多因素都有关系；而在这些因素中，成功总是最重要的一个。每一个成功的人、每一种被接受的思想，就其本身而言，都不会再受到人们的质疑。成功是获得威望的垫脚石，这一说法的证据就在于，一旦成功不再，那么威望便会随之消失。昨天人们还为之欢呼的英雄在今天就会受到侮辱，这都是因为他在今天的失败。威望越高，其反作用也就越强大。在这种情况下，人们会把这位从高位上跌落的英雄看作和他们平等的人，而且还会对这位不再拥有任何优越性的人采取报复行动。当罗伯斯庇尔处死自己的同伙以及大量同龄人的时候，他因此而获得了巨大的威望。但是，当他因为失去了几张选票而被剥夺了权力的时候，他又立即失去了威望，而且人们会说着同样的诅咒而将他送上断头台，就像是不久前对待之前那些受害人一样。

当处于狂躁暴怒的状态之下时，信徒们总是会粗暴地破坏他们之前所信奉的神明的塑像。

一旦失败，因为成功而获得的威望也会在短时间内不复存在。不过，这种威望也有可能会逐渐消散，但是这种方式相对缓慢而且还要承受人们的议论与指点。然而，议论的力量还是非常肯定的。从威望受到质疑的那一刻起，威望便不再具有任何威力。长期享有威望的神和人从未经受过人们的议论。如果要得到群众的仰慕，威望的载体就必须与他们保持距离。

第四章　群体观点与信念可变性的局限性

提要：

1.牢不可破的信念。某些普遍信念的不变性/它们塑造了文明的进程/将它们连根拔起的困难性/不容忍在哪一方面会成为一个民族的美德/信念无法干扰其传播的荒谬哲学

2.群体观点的可变性。并非由普遍信念所引起观点的极端流动性/思想和信念在一个世纪之内的明显变化/这些变化的实际限制/受到变化影响的事情——目前正在发展过程中的普遍信念的消失以及报纸出版物的极端扩散已经造成，当今的观点越来越多变/为什么群体对大多数人的观点都倾向于漠不关心/政府现已无力回天，他们无法再像以前一样直接引导群体的观点/今天的观点由于超出了分歧而制止了暴政

1. 牢不可破的信念

生物的解剖学特性和心理学特性之间存在着密切的相似性。在这些解剖学特性中，某些元素是长久不变的，或者只有轻微的改变，而这些改变都有必要以地质年代的改变来判断。

除了这些牢不可破的信念以外，人们发现其他极其容易变化的信念也具有无坚不摧的特征，例如饲养员或园艺家可以轻易改变的

那些特性，而且有时候由于疏忽，这种改变会让观察者忽视了事物的基本性能。

在道德特点方面，我们也可以观察到同样的现象。除了不可改变的心理特征之外，一个种族也具有易变而多变的特征。为此，在研究一个民族的信念和观点时，我们总是会发现它们有一个牢固的基础，然后这个基础之上就是那些灌输到其中的观点。

群体的观点和信念可以分成两个明显的类别。一方面，我们拥有重要的长久信念，可以持续几个世纪之久，而且还可以承载整个文明。比如说，这种信念在过去就是封建主义、基督教和新教；在我们当代就是民族主义原则、当代民主和社会思想。另一方面，在通常情况下，每一个时代中那些短暂而多变的观点都是一般概念的产物，它们都会在时代中诞生和消亡；比如那些塑造了文学和艺术的理论——例如那些创造了浪漫主义、自然主义和神秘主义等的理论。通常，这类观点就像是时尚一样，都是肤浅且多变的。我们可以将它们比作涟漪，它们总是会在深湖表面不断出现与消失。

真正的广义信念的数量是非常有限的。它们的出现与消亡都来自于历史上每一个种族历史的巅峰时刻，它们构成了文明的真正框架。

群体的思想很容易受到一种短暂观念的影响，但是这种观念却很难在群体的思想中持续较长的时间。然而，一旦这种观念成为一种信念，想要连根拔除也是非常困难的。一般情况下，要想改变一种信念，就必须以暴力革命为代价。但是，只有当信念几近失去对人类思想的所有影响力之后，革命才能发挥效用。虽然习惯的力量会阻止人们彻底抛弃一种思想，但是在这种情况下，革命便成为清除几乎已经完全被抛弃的思想的最后手段。

事实上，一场革命的开始就是一种信念的结束。

一种伟大信念开始衰败的精确时刻是很容易辨认的，就是当人们开始质疑其价值的时候。每一种普遍信念都不过是一种虚构的存在，它只能在不受到考验的情况下才能幸存。

但是，即使是当一种信念的根基开始猛烈撼动的时候，产生这种信念的制度也会给予其保留的力量，从而减缓信念的消亡。最终，当这种信念完全失去其力量的时候，建立在其基础之上的所有一切都会很快随之覆灭。至今，还没有一个民族可以在同时下决心转变文明所有要素的情况下改变其信念。这个民族会继续这一转变过程，直到他们偶然发现并接受一种新的普遍信念；在这个时刻到来之前，他们必然会处于一种混乱状态。普遍信念是文明必不可少的支柱；它们决定了思想的发展趋势。普遍信念自身就有一种能力，它们可以激发信仰并创造出责任感。

一直以来，各民族都意识到了获得普遍信念的效用所在，而且他们已经本能地理解，信念的消亡就是他们自己衰败的信号。以罗马人为例，他们对罗马的狂热崇拜就是让他们得以统治世界的信念，而且当这种信念消亡的时候，罗马就注定要覆灭。至于那些毁灭了罗马文明的野蛮人，只有当他们获得某些普遍被接受的信念时，他们才能获得强大的凝聚力并摆脱那种混乱的状态。

很显然，各民族在保卫他们观念的时候总是会表现出一种不容忍的态度，这是有原因的。从哲学立场上来看，这种不容忍就是一种批判，代表着人们生命中最不可或缺的美德。在中世纪，许多受害者就是因为找到或者维护一些普遍信念而被送上了火刑柱。还有那些发明家和创新者，即使他们逃脱了殉难的命运，最终也是在绝望中无助地死去。此外，也正是为了保卫这些信念，这个世界才会出现如此多的灾难场景，才会有成千上万的人战死沙场，或者将要为此而丧命。

一种普遍信念的确定过程可谓困难重重，但是当这种信念最终得以确立，它便拥有了一种在很长时间内都无法战胜的力量，而且尽管从哲学角度来看有些荒谬，但是它总会让自己进入到最耀眼的理性之中。经过仔细考察之后，欧洲人还会认为那些如同摩洛神一样残暴且传颂了长达15个世纪之久的宗教传说是无可争议的吗？可怕的荒谬之处就在于，传说中的上帝应为其所创造的生物没有遵从他的

意愿就对其后代施以报复，但是几百年以来竟然没有人觉察到其中的荒谬。有着强大天赋的天才们，比如伽利略、牛顿和莱布尼兹，他们都从未对这些教条的真实性提出质疑。没有什么能够比普遍信仰的催眠作用更加典型，但与此同时，也没有什么可以明确地表明我们智力受到侮辱的范围。

一旦一种新的教条进入人们的思想，它就会变成制度、艺术和存在的来源。在这种情况下，它对于人类思想的影响是绝对的。行动者只想着实现这种被认可的思想，立法者只想着应用这种思想，而哲学家、艺术家和作家则只是沉浸在其不同形式的表达之中。

基本信念中可能会出现一些短暂的附属思想，但是它们总是会具备信念所赋予的印记。埃及文明、中世纪的欧洲文明以及阿拉伯的印度文明，这些文明都是少数宗教信念的产物，它们都为这些文明中最不重要的元素留下了标记，并使得它们可以被立即辨认出来。

因此，由于普遍信念的存在，每个时代的人都被包围在传统、观点和习俗的网络之中，这使得他们都彼此相同，而且也无法挣脱彼此而单独存在。

最重要的是，人的行为都是受他们的信念所指引的，而且人们的习惯也都是那些信念的产物。这些信念和习惯是我们最重要的行为，而且最独立的精神也无法逃脱它们的影响。无意识情况下施加于人们思想的暴政是唯一真正的保证，因为人无法与之对抗。提比略、成吉思汗和拿破仑确实都是令人敬畏的暴君，但是在坟墓深处的摩西、佛祖、耶稣和穆罕默德却为人类的灵魂施加了更加深远的专制主义影响。一个阴谋或许可以推翻一种暴政，但是什么才能与根深蒂固的信念相对抗呢？在与罗马天主教的暴力争斗当中，虽然群体明显对其充满了同情，而且也采取了像宗教法庭一样无情的破坏性措施，法国大革命最终还是屈服了。一直以来，人类所知道的唯一的暴君就是对其死亡或者其所伪造幻想的缅怀。

通常，哲学的荒谬性会在普遍信念中留下标记，但是从未成为它们成功的障碍。的确，这些信念的成功看起来似乎是不可能的，除非它们提供一些神秘的荒谬性。因此，当今社会主义信念虽然有最明显的弱点，但是这些弱点将不会阻止他们在民众之中获得成功。相较于所有的宗教信念，它们真正的自卑感就来自于这种考虑的结果，前者所提供的幸福的理想只有在未来的生活中才能实现，而且它超越了任何人所能为之争辩的力量。社会主义者倾向于在现实生活中实现幸福理想，只要他们为此迈出第一步，这种理想所承诺的虚假将立即出现，而且新的信念同时也会完全失去其威望。因此，这种信念的力量增加将会在其取得成功，并且开始真正意义实现的那一天之前结束。鉴于这个原因，尽管新的宗教会像其他的宗教一样在一开始就是一种破坏性的影响，但是它在未来将无法发挥创造性作用。

2.群体观念的可变性

在我们上文所述信念的牢不可破力量的基础之上，观点、理念和思想在不断地涌现和消亡。在它们之中，有些只能存活一天，而更重要的是它们只能存在一代的时间。我们已经注意到，这种观念在随后时间里的变化有时候相较于真正的改变显得比较肤浅，而且它们也总是会受到种族因素的影响。比如说，在研究法国的政治制度时我们已经表明，从表面来看，所有的党派——保皇党、激进分子、帝国主义者和社会主义者等——都有明显的区别，但是他们的理想都是绝对一致的，而且这种理想仅依赖于法国民族的心理结构，因为在其他种族中，有着同样名字的民族却有着截然不同的理想。无论是观点的名称，还是欺骗性的适应，这些都不会改变事情的本质。大革命时期的人们十分了解拉丁文学，他们（他们目不转睛地盯着罗马共和国）接受它的法律、它的权杖以及它的长袍，但是他们没有变成罗马人，这是因为他们处于强大的历史暗示的力量之下。哲学家的任务是研究那些古老信念的明显改变背后的秘密，以及鉴定在不断改变的观念之中由普遍信念和种族天赋所决定的部分。

如果缺乏这种哲学测试，群体可能就会经常随意改变他们的政治或宗教信念。所有的历史，无论是政治的、宗教的、艺术的或者文学的，这些历史看起来都证明了情况正是如此。

作为一个例子，让我们选择法国历史上一个非常短暂的时期，即从1790到1820年这三十年间，来研究一下当时这一代人的生活环境。在这一时期，我们看到，一开始属于保皇派的人变得非常具有革命性，然后又变成了帝国主义者，最后又再一次变回了保皇主义者。在宗教问题上，他们同时由天主教徒变为了无神论者，然后又变成了自然神论者，最后又变回了最典型的天主教徒。这些变化不仅仅发生在民众之中，也发生在他们的领导者之中。

我们惊讶地发现，国民议会中的名人要士、与国王有着不共戴天之仇的敌人以及那些既没有信神也没有信领袖的人都变成了拿破仑的卑微仆人，而且在那之后，在路易十八的统治之下，他们又虔诚地手持蜡烛走在宗教队伍之中。

在接下来的70年中，群体的观点也发生了不计其数的变化。在本世纪初，“背信弃义的英国人”成为拿破仑继承人统治之下法国的同盟军；而曾两次被法国入侵且为法国的倒退而拍手称快的俄国现在也成了法国的朋友。

在文学、艺术和哲学领域，思想观念的连续演进则更加快速。浪漫主义、自然主义、神秘主义等如雨后春笋般一一涌现，而最终又随着时间的流逝而渐渐消失。那些在昨天还颇受赞誉的艺术家和作家，明天就会被大众所深深地蔑视。

然而，当我们分析到现在为止的所有这些表面变化的时候，我们有什么发现呢？所有那些与普遍信念和种族情感相对立的观点都只能短暂地存在一段时间，而且存在偏差的观念很快就会回归主流。那些与任何普遍信念或种族情感没有关联且不具备稳定性的观点会受到每一次改变的支配，或者，如果换种方式表达就是，会随着周围环境的改变而改变。这些观点都是由暗示和传染所形成的，它们都能短暂存在；它们会突然出现，也会突然消失，就像风在海岸上所形成的沙丘一样。

如今，群体观念的可变性比以往更加明显，这要归结于三个不同的原因。

第一个原因就是，古老的信念愈加失去了它们的影响力，而且它们也不再有能力像以前一样形成短暂的观点。普遍信念的衰弱为许多偶然出现的观点提供了生长的沃土。

第二个原因就是，群体的力量逐渐增加，而且这种力量越来越平衡，我们所认为的群体的特性，即思想的极端流动性也无法在毫无障碍的情况下显露出来。

最后，第三个原因就是，报纸出版物的近期发展。报纸和出版物机构总是会让那些相反的观点持续引起群众的关注。这些暗示可能会导致个体的观点很快被其对立性格所破坏。而结果就是，没有任何一种观点被普遍接受，而且所有的观点都只是短暂的存在。现在，一种观点在被大众所普遍接受并成为一种普遍观点之后就已经消亡了。

这些不同原因造成了世界历史中的新现象，而且这也是当前这个时代最显著的特点；在这里，我所指的是政府在引导群众观点方面的无能。

过去以及不久之前，政府的行动以及少数作家和报纸的影响构成了公众观点的真实反映。如今，作家已经失去了所有的影响力，而且报纸也只能反映观点。至于那些政治家，别提引导公众观点了，他们只能努力遵循这些观点。他们害怕这些观点，有时候这种害怕甚至会变成恐惧，因而导致他们会采取极其不稳定的行动路线。

随后，群体的观点越来越多，而且成为政策制定的主要指导原则。到目前为止，他们的观点已经发展成一种同盟的力量，比如近期法俄同盟的成立，这就是大众运动的产物。当代一种很奇怪的现象就是，人们发现教皇、国王和皇帝们也会同意接受采访，就像是他们将自己的意见交给公众评判的一种方式。如果在以前，我们说政治无关情绪，这可能是正确的。但是在今天，政治越来越受到多变的群体冲动的影响，而群体又无法受到理性的支配而只能受到情绪的引导，在这种情况下，我们说出的同样的话还是正确的吗？

至于之前曾引导公众观点的报刊界，他们已经像政府一样，在群众的力量面前卑躬屈膝。毫无疑问，报刊拥有相当大的影响力，但是这仅仅是因为他们是群众观点以及他们不断变化的唯一反映载体。现在，报刊仅仅是提供信息的媒介，而已经放弃了所有实施一种思想或者一种学说的努力。

他们追随着公众思想的所有变化，因为激烈的行业竞争使得他们不得不这么做，否则他们就会失去读者。过去一些稳重而有影响力的报纸，比如《宪章报》《论坛报》或者《世纪报》，这些报纸都被上一代人奉为"圣人"，而如今有的已经消失了，有的已经成为典型的现代报纸，但其中的大多数新闻都夹杂在幽默文章、社会琐闻以及财经新闻之间。毫无疑问的是，今天的报纸都没有足够的勇气让其编著者自由地发表个人观点，而且这些观点对于读者而言也毫无价值，因为他们只想了解信息或者娱乐一下，他们怀疑所有经过深思熟虑后提出的主张。甚至是评论家也不再能够保证一本书或一场演出是否能取得成功。他们能做到的只是中伤，而不是为它们提供服务。报纸界非常清楚，在批评和个人观点的形成过程中，没有利益的事情都是无用的，他们已经开始镇压文学批评、不再引用书名，而且还加上了两三行的“赞扬”。在20年的时间里，戏剧评论或许会面对同样的命运。

在今天，密切注意公众观点已经成为出版社和政府的首要任务。他们需要不停歇地了解一个事件、一个立法建议和一场演说所产生的影响，而且这个任务并不简单，因为没有什么比群众的思想更加灵活和多变，也没有什么比他们在今天咒骂他们昨天还为之喝彩的事情更加常见。

这种观点引导的完全缺失以及普遍信念遭遇毁灭的最终结果就是，各个阶级的信仰都存在的极端分歧，而且群众对与其直接利益无明显关系的事物表现得越来越漠不关心。社会信条，比如社会主义信条的问题只有在吹嘘真正信仰的低文化水平阶层中获得尊重，比如矿山和工厂中的工人阶级。

至于中产阶级的下层群众，以及具备一定教育基础的工人，他们不是变得非常多疑就是变得对他们的观点表现出极端不稳定的心态。

在过去的25年中，受到这种引导影响的演变是非常引人注目的。在之前的一段时期内，人们的思想非常相近，而且观点也有一个普遍倾向；他们在观点的起源中加入了一些基本信念。仅通过一个人是共和主义者这一不争的事实，人们就认为他必然具有一些明确的关于历史和科学的思想观念；而且仅通过一个人是君主主义者的这一不争的事实，人们就认为他的思想非常反动。

共和主义者非常了解，人并不是由猴子演变而来的，但是君主主义者也很了解，他们的祖先就是猴子。君主主义者有责任在讲话时怀揣着对王室的恐惧，而共和主义者在讲话时要怀揣着对法国大革命的崇拜。在提到有些人的名字时，比如罗伯斯庇尔和马拉（Marat），我们必须要带着宗教情怀，而在提到有些人的名字时，比如恺撒、奥古斯都或者拿破仑，就必须要时刻带着猛烈抨击的口吻。甚至在法国的索邦大学中，这种天真的理解历史的方式也是非常普遍的。

现在，经过讨论和分析之后，所有的观点都失去了它们的威望；它们的区别特性迅速消失，几乎已经不能激发我们的热情。

因而现代人也越来越变得对所有事物都漠不关心。

对于观点的普遍消亡，我们也不应该过于感到遗憾。这是一个民族衰落的征兆，这是无可争辩的。毫无疑问的是，有超凡洞察力的伟人，比如使徒和群体的领袖——总而言之，那些拥有真实而坚定信仰的人——相对于那些否认、批评或冷漠的人发挥出了更大的作用。但是我们不能忘记，鉴于群体今日所拥有的力量，一种观点要有充足的威望才能被普遍接受，然后它就会被赋予一种残暴的力量，并使得所有的一切都对其俯首称臣，而随之而来的就是，一个可以自由讨论的时代被长期封印起来。群体偶尔也是非常容易相处的，比如黑利阿加巴卢斯（Heliogabalus）和提比略，但是他们也是非常极端且反复无常的。当一种文明落入群体手中，它很可能就不会存在很长的时间了。如果说还有什么能延迟其消亡时间的话，那就肯定是群体观点的极端不稳定性以及他们对所有普遍信念的日益冷漠。

第三卷　不同群体的分类和描述

第一章　群体的分类

提要： 群体的分类/类别。

1.异质群体。异质群体的不同类型/种族的影响/群体精神虚弱而种族精神富足/种族精神代表着文明状态，而群体精神代表着野蛮状态

2.同质群体。同质群体的不同类别/派别、社会等级和阶级

在本书中，我们已经阐述了心理性群体所共有的普遍特征。但是，我们还需要研究的是，当不同类别的集群在适当激发原因的影响下而转变成一个群体时，伴随着他们的普遍特征而表现出来的特殊特征。首先，我们要说明的问题是群体的分类。

我们的研究以普通群体为出发点。当属于不同种族的个体组成一个群体时，这就是群体的最低级形式。在这种情况下，群体唯一的共同纽带就是他们或多或少尊重其首领的意愿。在过去几个世纪中

入侵罗马帝国的野蛮人就来自于不同的起源，因此我们可以把他们作为这种群体的样本。

处于这些由不同种族构成的群体之上的更高层次的，是那些在某些影响的作用下已具备某些共同特征，而且最终形成了同一种族的群体。他们有时候会表现出群体所特有的特征，但是这些特征在一定程度上会受更高级别的种族因素的影响。

在本书所研究的某些影响的作用之下，这两种群体可能会转变成一个有组织的或者心理性群体。在此，我们将这些有组织的群体分成以下几类：

A. 异质群体

①无名称群体（比如说街头群体）

②有名称群体（陪审团、议会等）

B. 同质群体

①派别（政治派别、宗教派别等）

②社会等级（军人阶层、祭司阶层和工作阶层等）

③阶级（中产阶级、农民阶级等）

接下来，我们将简短地说明这些不同类别群体的区别特征。

1. 异质群体

我们在本卷书中已经研究过这种集群的特征。这种集群是由各种各样的个体所组成的，他们的职业和智力水平都各不相同。

现在，我们仅通过事实就可以了解组成群体之人的行为以及他们的集群心理与个体心理存在着本质的不同，而且他们的智力也会受到这种区别的影响。

我们已经看到，智力在群体中是没有任何影响力的，群体只会受到无意识情绪的影响。

种族的一个基本因素就在于，它可以容忍不同的异质群体中存在彻底的分化。

我们经常会提起种族的作用所在，而且也已经表明，种族是决定人类行为的最有利因素。除此之外，群体特征中也可以追溯到人类行为。一个由个体在偶然情况下组成的群体，如果其中的个体全都是英国人或中国人，与其他由不同类型的种族——比如俄国人、法国人或者西班牙人组成的群体相比，这个群体会存在巨大的差异。

当同一个群体中同时发生某些情况，尽管这种情况十分少见，其中比例不同的民族个体从心理结构上所遗传下来的广泛分歧所造成的不同感受和思考方式就会变得非常突出，而且尽管从表面看起来个体是因为相同的利益而聚集到一起，这种情况还是会发生。社会主义者为将不同国家工人阶级代表聚集到一起而做出的努力总是会出现最不可调和的矛盾。但是，一个拉丁人群体，无论被人认为是革命派还是保守派，他们总是会依赖于国家的干涉来实现他们的需求。他们这种群体总是会倾向于集权或者或明或暗地倾向于支持独裁政体。而英国人或美国人群体则相反，他们不会求助于国家，而只依赖

于个人的主动性。法国人群体特别重视平等，而英国人群体则非常看重自由，这些种族之间的不同解释了社会主义和民主的不同形式就像各种不同的民族一样多。

种族的天赋特征对于群体的性情产生着最重要的影响。这是一种有力的潜在力量，可以限制群体性格的变化。由于种族的精神力量十分强大，因此群体的劣质特征并不占据重要比重，我们应该将此作为一种基本定律。群体的状态以及群体的支配力就相当于野蛮状态，或者说趋向于回归野蛮状态。正是通过获得稳固的集体精神，种族才能在更大程度上摆脱群体力量反射的束缚，才能摆脱野蛮状态。

除了种族因素以外，对异质群体进行分类的最重要类别就是将他们分成无名称的群体，比如街头群体，以及有名称的群体——比如协商会议和陪审团。第一种群体缺乏责任感，第二种群体则具备这种责任感，从而造成了他们各自行为的不同倾向。

2. 同质群体

同质群体包括：(1) 派别；(2) 社会等级；(3) 阶级。

派别代表了同质群体形成不同组织过程中的第一个步骤。一个派别由不同的个体组成，他们有着不同的教育程度、不同的职业和不同的社会阶级，他们应为共同的信念而联系到一起。举个例子，比如说宗教派别和政治派别。

社会等级代表了群体易受影响组织的最高等级。虽然派别中也包括不同职业、不同教育程度和社会环境的个体，但是他们之所以能聚集到一起仅仅是因为他们有着共同的信念，而构成社会等级的个

体则有着同样的职业，因此他们的教育程度和社会地位也近乎相同。这一类别的例子有军人阶层和祭司阶层。

等级由不同起源的个体组成，他们聚集到一起并不是因为和同一社会等级的人那样有着相同的信念，属于同一个派别，或者有着相同的专业性职业，而是因为某些利益和生活习惯以及几乎相同的教育，比如中产阶级和农民阶级。

但是在本书中，我们只讨论异质群体，关于同质群体（派别、社会等级和阶级）的相关研究将在另一卷书中详细说明。在这里，我便不再阐述同质群体的特征。在本书中，我将通过一些典型而独特类别的群体来对异质群体展开研究。

第二章　犯罪群体

提要： 犯罪群体/在法律上的犯罪群体在心理上并不是罪犯/群体行为的绝对无意识/不同的例证/“九月大屠杀”参与者们的心理状态——他们的理性思考、敏感性、残暴以及道德

由于群体在一段时间的兴奋之后会进入一种纯粹自动的无意识状态并在这个过程中受到暗示的引导，所以看起来很难将他们归为犯罪群体。我之所以会保留这种错误的“认证”，是因为近期的心理学研究使这一词语变得流行起来。如果仅从群体自身考虑的话，他们的某些行为确实是有犯罪性质的，但是这种犯罪和一只老虎为了取乐而袭击一个印度人，并让小老虎将其撕裂是同一种性质。

通常，群体犯罪动机是一种强烈的暗示，而且参与犯罪的个体在事后坚信他们的所作所为是遵从义务，这与普通的犯罪情况相去甚远。

群体犯罪的历史为我们做出了说明。

巴士底狱监狱长洛奈（Launay）先生的谋杀案就是一个典型的例子。当人们冲破了监狱的防守之后，他们兴奋地将他团团围住，并且从各个方向对他大打出手。他们本来打算将他吊起来，砍掉他的头，然后再系到马尾巴上。但是在竭力挣扎的同时，洛奈先生偶然间

踢到了其中的一个人。有人提议让被踢的那个人割断监狱长的喉咙，而他的暗示则很快得到了大家的认可。

我们所说的这个人是一位厨师，他来到巴士底狱完全是出于好奇，他只想看看这里到底发生了什么事。但是由于那个提议是大家的普遍观点，他认为自己的行为是出于爱国，而且他还坚信他应该因为这次“为民除害”而获得一枚勋章。

当时，他拿着一把剑刺向了监狱长的脖子，但是这把剑有些钝化了，所以并没有一下刺穿，因此他又从口袋里拿出一把黑色手柄的刀（由于他是一位厨师，所以对于切肉很有经验）并成功完成了“任务”。

这个例子可以明确地反映出我们在上文中所指出的过程的作用。我们服从于暗示，而暗示则因为其集体起源而异常强大，而且谋杀犯还坚信他的行为应该算是一种功绩，因为这种行为得到了大家的一致认同。在法律上，我们视这种行为为犯罪，但是在心理学上却并非如此。

犯罪群体的普遍特征与我们所见到的所有群体都如出一辙：易受暗示、轻信、易变、将良好或恶劣情绪夸大、表现出某种道德形式，等等。

我们应该可以看到，群体所表现出来的所有这些特征都在法国历史上留下了最残酷的记忆——正是这些群体策划了“九月大屠杀”。事实上，这一群体与引发圣巴托洛缪大屠杀的群体有着很多的相似之处。在此，我借用当代文献中所记录的泰纳先生的叙述进行解释说明。

我们尚不知晓是谁下令或者暗示民众通过屠杀囚犯的方式来清空监狱的，但无论是丹东还是其他什么人，这都不重要；我们所关注的问题是，被指控为谋杀犯的群体受到了强有力的暗示。

这个谋杀犯群体共有三百人，而且还是一个非常典型的异质群体。除了少数职业恶棍以外，这个群体主要由各行各业的店主和工匠组成：靴匠、锁匠、美发师、泥瓦匠、职员和送信员等。在他们所收到暗示的影响下，就像上文中提到的厨师一样，他们坚信自己在完成一项爱国使命。

他们会涌入两个办公室，同时担任法官和行刑者，但是他们永远都不会将自己看作罪犯。

在深深地意识到自己职责的重要性之后，他们便开始组建法庭，然后与此行为相关的是，这个群体会立即做出坦率的行为并表现出他们对公平概念尚不成熟的理解。考虑到被告人数众多，他们决定对贵族、牧师、官员和皇室成员全部处以死刑。总而言之，在一个爱国者的眼中，一个人的职业就是他们犯罪的证明，而无须对他们的特殊决定进行再三考虑。而剩下的那些人，将根据他们的个人容貌和他们的声誉进行审判。通过这种方式，群体尚未发展的道德心得到了满足。现在，我们能够合法地执行屠杀，并让我在别处提到的这些残暴的本能得以淋漓尽致地发挥，因为群体总是会把这种本能发展到一个较高的程度。但是，这些本能——就如群体平时所表现出来的那样——将不会阻止他们表现出其他对立的情绪，比如同残暴一样极端的温情。

“他们有着巴黎工人的广泛同情心和及时的敏感性。在亚伯叶（Abbaye）监狱，当其中的一个成员了解到那些囚犯26个小时没有喝水的时候，他一心想要将那些监狱看守打死，而且要不是那些囚犯阻止他的话，他早就会这么做了。当一个囚犯被（临时组建的法庭）无罪释放的时候，每一个人，包括守卫和刽子手都会高兴地拥抱他并热烈鼓掌”，在那之后，大规模的大屠杀便拉开了帷幕。在这个过程中，欢乐的喜悦从没间断过。人们围着尸体唱歌跳舞，而且还安排了“女士专用”的长椅，以便她们高兴地看到贵族被处死。而且，这种“展览”在他们看来就是一种正义的特殊表达。

亚伯叶监狱的一位刽子手一直都在抱怨，为了能让这些女士们近距离看清楚处刑过程而把她们的位置安排得太近了，以至于只有少数人享受到了处死贵族的快感。在反映出这一问题后，人们决定让受刑者缓慢地从两排刽子手之前经过，其中一位刽子手将在受刑人的背上刺上一剑，这样就能延长他们饱受痛苦折磨的时间。

在拉夫斯（la Force）监狱，受刑者们被剥去了衣服并要接受半个小时的“雕刻”待遇，然后在所有人都观看了这一过程之后，他们会被戳穿内脏然后痛苦地死去。

刽子手们也有他们自己的顾虑，也会表现出我们之前所说的群体道德感。因此，他们会拒绝掠夺受刑者的金钱和珠宝，而是将它们放到委员会的桌子上。

群体这些尚未得到发展的理性思考形式以及特征在他们的行为中随处可见。因此，在屠杀了这个民族中的1200人或1500人之后，有人提议将其他的那些犯人，包括年老的乞丐、流浪者和年轻的犯人统统都杀掉，因为他们实际上都是一群无用之人。随后，这一提议立即得到了大家的赞同。除了这些人以外，那些犯人之中一定也包括一些民族的敌人，比如一位名叫德拉鲁（Delarue）的妇女——对别人投毒的寡妇："她一定对坐牢这件事心怀怨恨；如果可以的话，她一定会放火烧了巴黎：她之前一定这么说过，她确实说过。杀了她，那就是另一种可喜的解脱。"这种说法看起来很有说服力，而且这些囚犯无一例外地都被屠杀了，其中包括50个年龄在12岁到17岁的孩子。他们认为这些孩子已经成为民族的敌人，因此也应该将他们全部除掉。

在完成了一周的屠杀之后，所有的行动都圆满结束，那么刽子手们终于可以休息一下了。他们都坚信自己为国家贡献了力量，因此都前去当局要求获得报酬。甚至，对此热情最高涨的人还要求政府为其颁发一枚勋章。

1871年，巴黎公社的历史也为我们提供了一些与此相同的事实。考虑到群体的影响力日益增长以及政府当局在他们面前接连败下阵来，我们注定要见证许多相同性质的事件。

第三章　刑事陪审团

提要： 刑事陪审团/陪审团的普遍特征/数据表明，陪审团的决定不受他们组成结构的支配/影响陪审团的方式/论证的风格与影响/著名律师的说服方法/分别让陪审团做出宽容或者严厉决定的犯罪的性质/陪审制度的利用，以及地方法官造成的危险

鉴于我们无法对每一类陪审团都进行研究，所以我在此只研究最重要的一种——巡回法庭的陪审团。这些陪审团提供了一个关于无名称异质群体的良好事例。我们可以发现，他们展示出了易受暗示的特征，但是他们却几乎没有能力进行理性思考。此外，他们非常容易受到群体领袖的影响，而且还主要受到无意识情绪的引导。在这一研究过程中，我们经常会看到一些人因为不了解群体心理而犯错的有趣事例。

首先，陪审团为我们提供了一个非常好的事例，可以说明就评审的相关决议而言，构成群体的不同要素的心理水平并不重要。我们已经看到，当召开审议会并就一个并不完全是技术性问题的问题给出意见时，智力并不会发生任何作用。比如说，仅因为来自于同一个团体这一事实而聚集到一起的科学家或艺术家们将不会对普通的议题

做出不同于由泥瓦匠或杂货商组成团体意见的决议。在不同的时期，特别是在1848年之前，法国政府规定要谨慎选择陪审团成员，且要求候选人员要从开明阶级中选择；包括教授、公务员和作家等。

而如今，陪审团成员均来自于小型贸易的商人、小资本家和雇员群体。然而，最令专家们感到震惊的是，无论陪审团的人员组成如何，他们的决议都是相同的。甚至对陪审制度持敌对态度的地方法官也必须承认这一说法的准确性。巡回法庭的前庭长，贝拉·德·格拉热（Bérard des Glajeux）先生也在其回忆录中就这个问题发表了看法：

> 今天，选择陪审员的权力事实上都掌握在市议员的手中，他们会根据自己所处环境中的政治和选举因素来决定将某人加入候选人名单，或者在名单中删除某人……所选出的大多数陪审员都是商人，但他们并不是像以前那样重要的人，还有属于政府某些分支部门的雇员……一旦法官确定下来，他们的观点和专业就没有什么价值了。许多陪审员都有着初学者般的热情，他们就像即使在简陋环境中也保持着最善良初衷的人一样，陪审团的精神并没有改变；他们的判决也依旧保持不变。

关于上述内容，我们需要铭记于心的是它的结论，而不是那些苍白无力的解释。我们不应该对这些解释的苍白而感到吃惊，因为通常情况下，法律顾问和地方法官都会忽略群体的心理，因此也就忽视了陪审团。我在刚才所提到作者的相关事实中还发现了一个证据。他认为，巡回法庭中最出名的律师拉绍（Lachaud）先生，充分利用自己的权力阻止了所有智力水平较高的人出现在陪审团成员的名单上。但是，经验——也只有经验——已经让我们熟知，这种反对是完全无效的。

这一点可以通过今天的一个事实来证明：公诉人和律师以及那些属于巴黎法庭的人，他们都已经放弃了反对陪审团的权利；但是，正如德·格拉热先生所言，他们的裁决并没有改变，“他们的裁决既没有变得更好，也没有变得更差”。

就像所有群体一样，陪审团也很容易受到情感因素的影响，而很少会受到论证的影响。一位律师曾写道："他们无法抗拒看到一位母亲给自己的孩子或者孤儿喂奶。"德·格拉热先生说："一位女士只要表现出一副讨人喜欢的模样就足以引发陪审团的仁爱之心。"

对于那些可能会让他们成为受害者的罪犯，陪审团绝不姑息——而且，这些罪犯会对社会造成严重的危险——但是如果罪犯的违法行为动机是出于感情因素，那么与之前的做法相反，他们会对这种罪犯宽大处理。对于杀害婴儿的未婚母亲，或者因被男人引诱或抛弃而向他泼硫酸的年轻女士，陪审团很少会表现得非常严厉，因为他们本能地认为这样的罪行并不会给社会带来多么严重的危险[①]，而且在一个被遗弃的女孩得不到法律保护的国家中，她为报仇而采取的报复行为不但没有危害而且还十分有用，因为这样就可以提前对那些诱惑者起到震慑作用。

就像所有群体一样，陪审团也受到了威望的深刻影响，而且

① 顺便说明一下，陪审团这种把犯罪划分成威胁社会和不威胁社会两类的方式，远不能认为有失公正。刑法的目的显然是保护社会不受犯罪的危害，而不是为了进行报复。但是法国的法典，尤其是那些地方官员的头脑，却仍然深受有着原始法律特点的报复精神的影响，像"vindicte"（"起诉"，它源自拉丁语的"vindicta"——"报复"）一词，就仍在日常生活中使用着。地方官员中这种倾向的一个证明是，他们中间的许多人都拒绝采用贝朗热法，该法允许被判刑的人不必服刑，除非他再次犯罪。但是，由于已经从统计学上得到了证明，因此没有哪个官员会否认，对初犯进行惩罚，极可能导致受罚者进一步犯罪。当法官让一个被判服刑的人获得自由时，他们好像总是认为没有为社会报仇。他们不想不为社会报仇，倒是更愿意制造一个肯定犯罪的人。

德·格拉热庭长也曾正确地指出，由于陪审团的构成十分民主，因此他们的喜好也非常贵族化："头衔、出身、财富、名望和著名律师的援助，所有具有区别性质或者能为被告带来光彩的东西都会让其处于十分有利的形势。"

一位出色的律师首要关注的应该是陪审团的情感状态，以及就像对待所有的群体一样，要采用论证的方式，但是论证内容不可以过多，或者应该只使用基本的推理论证。一位在巡回法庭中久负盛名的英国律师就总结出了下列行为准则：

> 在进行辩护时候，律师应该留心陪审团的一举一动，这样就能把握最好机会。通过观察和经验，律师可以从陪审员的脸上读到他们对变化的反应，并据此做出结论。律师的第一步就是要确定已经获得了哪些陪审员的支持。明确获得陪审员的支持无须消耗太长的时间，而且在确定之后，律师应该将注意力转移到那些看起来居心不良的人身上，并努力找到他们对被告持有敌意的原因。这是律师工作中非常微妙的一部分，因为除了正义感之外，要谴责一个人的原因实在太多。

上述寥寥几行字概述了演说术的整个机制，而且我们也看到了，为什么提前准备好演说内容的作用并不是很大，因为我们必须要有能力根据演说者对听众所产生的影响而修改措辞。

演说者不需要让所有的陪审员都支持自己的观点，而只要获得其中主要人物的支持即可，因为他们决定着陪审团的普遍观点。就像所有群体一样，陪审团中也有少数个体担任着其他人的领导者。上文所提到的那位律师表示："我通过经验发现，一个或两个精力充沛的人足以引导陪审团中剩余的人。"因此，律师必须要做的就是通过有技巧的暗示让这两三个人对其信服。首先，而且最重要的就是要取悦他们。

关于这一点，如果成功取悦了构成重点的个体，那么这个人就很容易接受律师为其提供的任何论证。我在拉绍先生的记录中找到了一篇有趣的叙述，在此引用如下：

> 大家都知道，在他所有参与的法庭辩护过程中，拉绍先生从不会让陪审团中他所了解的有影响力但十分顽固的陪审员离开自己的视线。通常情况下，他会成功赢得这些顽固陪审员的支持。然而，有一次在地方法庭上，他花费了45分钟的时间也没能通过巧妙的论证获得其中一位陪审员的支持；这位陪审员是第七位陪审员，坐在第二排的第一个座位上。但是，案件进展令人感到绝望。突然间，拉绍停止了激昂的论证，并向法庭庭长说："法官大人，你是否愿意下令让人将前面的窗帘拉上呢？这刺眼的阳光正好照耀着第七位审判员的眼睛。"那位审判员红着脸微笑着，向他表示了感谢。最终，拉绍先生赢得了辩护。

包括一些最著名的作家在内，许多作家在最近发起了一场反对陪审团制度的运动，尽管这是我们失控情况下的唯一保护，但是这种制度事实上经常会造成错误[①]。其中一部分作家主张仅从开明阶级中选择陪审员；但是我们已经证明，即便是在这种情况下，陪审团的裁决也与当前制度下的裁决如出一辙。

其他作家因陪审团所犯的错误而坚持废除陪审团并以法官取代。我们很难理解，这些维新派怎么可以忘记他们据以责备陪审团的那些错误在一开始都是法官所犯下的错误，而且当被告人被带到陪审团的面前时，一些地方法官、预审法官、公诉人和审判法庭就已认定他们都是有罪的。因此，我们应该清楚，被告人很显然是由地方法官而非陪审员进行审判的，他会失去唯一辩称自己无罪的机会。陪审团所犯下的错误首先都是地方法官所犯下的错误。因此，当出现严重的审判错误时，我们首先要谴责地方法官。

以近期发生的案件为例：一位愚蠢至极的预审法官因为一位半痴

---

① 事实上，地方官是行动不受控制的唯一行政官员。尽管搞了不少革命，民主的法兰西并不拥有一部英国人为之自豪的《人身保护法》（Habeas Corpus）。我们消灭了所有专制者，却在每个城市任命了一个可以随意处置公民的荣誉和自由的地方长官。督查官（jugedí nstruction）（一种在英国没有类似设置的审查官），是些刚从大学出来的新手，却拥有令人厌恶的权力，他仅仅根据自己的怀疑，就能把很有地位的人送进班房，而且无须向任何人说明他这样做的理由。他以进行调查为借口，可以把这些人关押六个月甚至一年，最后释放他们时也不必作任何赔偿或道歉。在法国，司法许可证（warrant）就像国王敕令一样，但它们的不同之处是，后者——对于君主利用它的做法，人们作过十分公正的谴责——只有那些身居高位的人才能申领，司法许可证却是操纵在一个阶层的人手里的工具，而他们并不是些十分开明或独立的人。

呆女孩的控诉就判定L医生有罪。女孩控诉这位医生对他实施了非法手术而且还收了她30法郎，因此认为他应该被送去劳役拘禁。要不是这件事引起了公众的愤怒，从而导致国家领导人下令将其释放，这位医生恐怕难免遭受牢狱之灾。这位医生所有的公民同胞们都表示他是一位值得尊敬的医生，从而让指控其有罪的这个错误不证自明。而且，地方法官们也承认了错误，但是出于社会等级考虑，他们用尽一切努力来阻止签署赦免令。在所有类似事件中，在遇到无法理解的技术细节，陪审团会自然而然地听取公诉人的意见，而且他们认为那些在调查复杂形势方面训练有素的地方法官已经对案件进行了调查。那么，谁才是这些错误真正的始作俑者——陪审员还是地方法官？

我们应该大力支持陪审制度的继续执行。或许，这一制度构成了唯一一个无法被任何个体所取代的群体理性。陪审制度本身可以缓和法律的严厉，它一视同仁，而且它在大体上也不会对特殊情况视而不见。法官不应表现出怜悯之心，除了法律法条之外不能让任何事物影响其判断力。在职业的严酷性方面，法官应该对那些杀人越货的盗贼和那些因被诱惑或者抛弃而杀害婴儿的贫穷女孩施加同样的惩罚。但是在另一方面，法官会本能地认为被抛弃女孩的罪恶并不如其诱惑者的罪恶深重。尽管法律条文中没有规定，但是法官认为这样的女孩应该得到宽恕。

在熟悉了社会等级群体的心理，以及其他类型群体的心理之后，在遇到出现错误指控的犯罪案件时，我认为我们不应该去找陪审团理论，而应该找地方法官讨要一个合理的说法。因为在陪审团面前，我应该还有机会说明我的清白，但是在地方法官那里，我毫无机会可言。诚然，群体的力量是令人畏惧的，但是某些社会等级群体的力量是更加令人恐惧的。群体还有被说服的可能，但是那些社会等级群体则永远没有这种可能。

第四章　选民群体

提要：选民群体的普遍特征/说服选民群体的方式/候选人应具备的品质/必要的威望/为什么工人和农民很少从他们自己的阶级中选择候选人/选民的观点是如何形成的/革命委员会/尽管心理学价值不大，但是普选权不可被取代/为什么当选举权仅限于有限等级的公民时所记录的投票结果会保持不变/所有国家普选权的表现方式

选民群体，也就是说，被授予选举某些职位任职者权利的群体——他们构成了异质群体，但是由于他们的行动仅限于一件确定的事，即在不同的候选人中做出选择，所以他们仅表现出了之前所说特征中的少数几项。在群体所特有的特征中，他们表现得最为明显的是理性思考，但是他们的这种能力却又是微不足道的，同时他们还缺乏批判精神、易怒、轻信且天真。此外，从他们的决定中可以追踪到群体领袖的影响，而且我们也已经列举过他们所发挥作用部分的因素：断言、重复、威望和传染。

让我们来研究一下说服选民群体的方法。通过最成功的方法，我们可以轻易推断出他们的心理。

最重要的是，候选人应该享有威望。个人威望只能被由财富所带

来的威望而取代。才能以及智慧，甚至天赋都不是重要的成功因素。

在另一方面，头等重要的是候选人必须要享有威望，而这种威望能迫使选民们没有异议地支持自己。为什么大多数选民都是工人或者农民，但他们却很少选择来自他们自身阶级的人来代表他们呢？这是因为他们阶级的人在他们之中没有威望。当他们偶然选出一个与之平等的人时，通常都是因为一些次要的原因——比如，为了刁难一位杰出人士，或者选民们日常生活中所依赖的一位有影响力的劳动雇主，而且他们已经幻想过自己成为主人之后的时刻。

但是，拥有威望还不足以确保候选人能获得成功。选民们特别重视别人对其贪婪和虚荣的恭维。因此，候选人必须用最夸张的甜言蜜语将他淹没，必须毫不犹豫地向他做出最不可思议的承诺。如果他是一位工人，候选人再怎么侮辱和指责其劳动雇主都不为过。至于候选人的竞争对手，他们必须努力通过断言、重复和传染的方式，让选民相信他是个彻头彻尾的恶棍，而且他所犯下的罪恶已经到了人尽皆知的地步，从而毁灭其取得胜利的机会。

当然，他们也无须为出示任何证据而烦恼。如果候选人的竞争对手不了解群体心理的话，他将通过论证而试图证明自己，而不是用另一套说辞来敷衍选民；否则的话，他将没有机会获得成功。

候选人的书面计划不应该过于绝对，因为他的竞争对手日后可能会以此来对付他；但是，候选人的口头宣言再怎么夸张都不过分，他可以大胆地向选民们承诺做出一系列大胆的改革。在候选人表达出他们的观点之后，这些夸张的表述会产生巨大的影响，而且对于未来也并不存在约束力。我们经常会看到：选民从来不会费心了解候选人的选举计划到底实施到了哪一步，但是正是因为他的选举计划赢得了选民们的支持才致使候选人获得了最后的成功。

在上文中，我们所描述的都是说服选民的重要因素。在研究词语和惯用语所发挥出来的力量时，我们在之前已经谈到了他们的魔力所在，我们还会遇到这些因素。一位了解如何利用这些说服手段的演说家可以让一个群体任其摆布。尽管有些词语的力量已经有所削弱了，但是一些表达方式，比如邪恶的资本、卑鄙的剥削者、令人钦佩的劳动者和财富的社会化等，总是会产生同样的作用。但是如果候选人忽然想到一种缺乏确切含义的新惯用语，而且利用这些新惯用语来迎合选民们多变的愿望，他必定会获得选举的成功。1873年，血腥的西班牙革命就是由这些充满魔力且含义复杂的词语所引发的，因为每个人对这些词都有自己的解释。当时的一位作家记述了这些词语出现的情况，我认为在这里值得引用一下：

激进派已经发现，集权制的共和国就是一种伪装的君主制国家，而且为了迁就他们，议会经过一致同意宣布建立一个新的联邦制共和国，尽管没有一位投票人可以解释明白他刚才是为什么投的赞成票。

但是，这一惯用语让所有人都感到兴高采烈；他们都沉浸在这一喜悦中无法自拔，甚至有些发狂。人们认为，美德与幸福将开始统治这个世界了。对于一位共和主义者而言，如果他的对手拒绝赋予其联邦制拥护者的头衔，那么就会认为自己受到了致命的侮辱。人们在街上遇到彼此时会说："联邦共和国万岁！"之后，双方就会歌颂军队没有纪律这一神秘美德，歌颂士兵们获得了自由。但是，人们是怎么理解"联邦共和国"的呢？有人认为这是指各省份的解放，是一种类似于美国政体和地方分权式管理的制度；其他人认为这是指废除所有的权威，而且预示着伟大社会主义清算的开始。巴塞罗那和安达卢西亚的社会主义者们坚决要求公社享有绝对主权；他们提议在西班牙设立10000个独立的自治市，允许他们为自己立法，而且在建立这些自治市的同时要撤销这些地方的警察和军队。在南方各省中，暴乱很快从一个乡镇传播到另一个乡镇，从一个村庄传播到另一个村庄。其中一个村庄直接发布了通告，表示他们的首要任务是破坏电报线和铁路线，这样就能切断与其邻村及马德里的一切联系。而且，即便是最穷苦的小村庄都下决心要自己翻身做主人。随后，联邦制让位于州郡行政制，然后屠杀、纵火以及各种残暴事件相继发生，成为这一制度的标志，而且西班牙全国也因此而沉浸在血腥的狂欢之中。

关于选民思想中理性思考的影响，如果想要对这个问题存在任何疑惑，那就只能不要去阅读关于选举会议的新闻报道。在这样的集会上，断言、谩骂以及一些肢体冲突会时有发生，但是从来不会有人提出论证。如果有一刻的安静，那是因为有些被冠以“苛刻顾客”的人宣布其将要质问候选人，并向他提出一些令人尴尬的问题来刁难他，从而让群众能够开心。

然而，反对党的满意是短暂的，因为提问者的声音很快就被淹没在其竞争对手所制造的混乱之中。以下关于公共会议的报道是从成千上万个类似事例和多份日报中挑选出来的，都可以被看作典型实例：

会议的一位组织者要求大会选出一位主席，然后全场立即沸腾了起来。无政府主义者跳上了讲台并迅速占领了委员会的桌子。社会主义者则强烈抵抗；随后，双方相互扭打起来，而且每一方都指控对方是政府的间谍，诸如此类……最后，一位公民鼻青脸肿地离开了会场。

委员会成员们最终在骚乱之中勉强落座，然后演讲权就移交给了“X同志”。

随后，演讲者开始猛烈地抨击社会主义者，而社会主义者则以“笨蛋、浑蛋、流氓”等予以反击，X同志在听到这些绰号之后就根据社会主义者都是“白痴”或者“小丑”的观点提出了一套理论。

昨天晚上，为了五一劳动节庆典做准备，阿勒曼派在福宝大道的商会大厅内组织了一场大型集会，会议的标语是“平静与安宁”。

G同志暗指社会主义者都是“笨蛋”和“骗子”。

这些词语引发了双方的相互谩骂，而且演说者与听众也扭打成一团。桌子、椅子和长凳都成了武器。

等等，诸如此类。

在此，不要以为这些对讨论会的描述是选民阶级所特有的，而且这都取决于他们的社会地位。在任何类似集会中，即使与会者都是受过高等教育的人，他们之间的讨论也总是会呈现出同样的情形。我已经表明，群体中的人有一种将他们的心智都统一到同一水平的倾向，而且这种例子随处可见。

例如，以下面这篇参与者都是学生的会议报道为例。此文选自1895年2月13日的《时报》：

夜色渐深，混乱局面愈演愈烈；我不相信有哪位演说者可以成功连说两句话而不被打断。演说者每说一句话都会立即招致来自不同方向或同时来自各个方向的喊叫声。鼓掌声混杂着嘘声，激烈的讨论在个别听众之间此起彼伏，他们挥舞着棍棒以作为威胁，而其他人则不断地敲击着地板，打断演说的人也会得到不同的喊叫声作为回应：“把他轰下去！”或者“让他说下去！”

在大会上，C先生满嘴都是丑恶、怯懦、荒谬、卑鄙、腐败与报复这样的词，他还宣称要将这些统统消灭。

有人可能会问，选民是如何在这样的情况下形成一致观点的呢？提出这样的问题就是因为对群体可能享有的自由怀有一种奇怪的错觉。群体的观点都是别人强加于他们的，但是他们从来都不吹嘘那些理性的观点。考虑到选民的观点和投票都掌握在选举委员会手里，他们的领导性精神支柱通常都是收税人，他们可以对工人产生影响，可以让他们信任自己。“你知道什么是选举委员会吗？”当今最勇敢的民族斗士之一，施莱尔（Schérer）先生如是写道：“它恰恰是我们制度的基石，是政治机器的杰作。今天的法国就是由选举委员会所统治的。”①

想要对群体施加影响并非难事，只要候选人被群体所接受并拥有足够的财力支持即可。捐款人承认，300万法郎就足以保证布朗热将军获得连任。

这就是选民群体的心理。选民的心理与其他群体一致：既没有更好，也没有更坏。

① 委员会不管有什么名称，俱乐部也好，辛迪加也好，大概都包含着群体权力所造成的最可怕的危险。在现实中，它们代表着最为非人格的、因而也是最具压迫性的专制形式。可以说，委员会的领袖是代表集体说话和行动，因此他们不负任何责任，他们处在可以根据自己的选择行事的位置上。甚至最残忍的暴君，也不敢梦想革命委员会任命的人所拥有的那些剥夺权。巴拉斯就曾宣布，他们要在国民公会里大开杀戒，随心所欲地裁撤议员。罗伯斯庇尔只要还能代表他们说话，他就握有绝对权力。当这个可怕的独裁者因为自高自大脱离了他们时，他便失去了这种权力。群体的统治就是委员会的统治，因而也是委员会领袖的统治。难以想象还会有比这更严厉的暴政。

因此，我从上文得不到人们反对普选权的结论。如果我能决定普选权的命运，出于我们从对群体心理的研究中所推导出的实际原因，我会让它维持现状。为此，我接下来将继续阐述这一问题。

毫无疑问，普选权的缺点太过明显，以至于让人无法忽略。不可否认，文明已经成为少数构成金字塔顶端的那些智力超群者的作品。随着心智力量的降低，金字塔逐渐拓宽，代表了一个民族中的大众。文明的伟大之处绝对不能依赖于仅吹嘘他们人多势众的低级成员的投票。同样毫无疑问的是，群众所记录的投票通常是非常危险的。他们已经让我们付出了多次被侵略的代价，而且考虑到社会主义的胜利，因为他们正在为其扫清障碍，人民主权论很有可能会让我们付出更加惨痛的代价。

然而，虽然在理论上遭到了强烈的反击，但实际上，它们已失去了所有的力量。而且，如果我们还记得那些被转变成教条的观念所具有的不可战胜的力量，那我们就会承认这一点。

从哲学观点来看，就像中世纪的宗教教条一样，人民主权的教条是不可辩驳的，但是目前，人民主权仍然享有同之前一样的绝对权利。因此，就像我们过去的宗教思想一样，它也是不可攻破的。想象一下，当一位现代思想家被神奇地送回中世纪，当他确定了宗教思想的最高权力之后，你认为他会试图攻击它们吗？在落入意图对其施以火刑的法官手中之后，在以与恶魔定下协议或参加女巫夜会的罪名之下，他会质疑魔鬼或者女巫的存在吗？如果想通过讨论来对抗旋风，这就同反对群体的信念一样是不理智的。今天的普选权教条有着基督教教条之前所拥有的力量。演说家和作家在提到它时总是充满了尊敬与谄媚，即便是面对路易十四，他们也从未有过如此表现。因此对于它而言，我们必须采取与其他所有的宗教教条一样的立场，因为只有时间会对他们起作用。

此外，试图破坏这种教条的做法是最无用的，因为这种教条拥有一个非常合理的外表，这对它是非常有利的。“在一个平等的时代”，托克维尔曾公正地指出，“人们彼此之间没有信任可言，因为他们都是一样的；但是这种同样的相似性给予了他们对公众评判的无限制信任，其原因在于，要想所有人都同样开明是不可能的，而且真理和数量优势应该不会同时出现。”

我们是否必须相信，受到限制的选举权——仅限于智力上可以达到所要求水平的人——民众的投票是不是一次有效的改进呢？我不能承认此时情况就是如此，而且我已经给出了理由，那就是无论群体的组成结构如何，所有群体的智力水平都较为低下。在一个群体中，人们的智力总是趋于同一水平，而且在一些常见问题上，知识分子的投票结果也不见得比搬水工的投票结果要好。

我完全不相信，在归咎于普选权的任何投票——比如帝国的重建方面，如果选票仅限于学者和自由接受过教育的人，投票结果会有很大的差别。但是，并不能因为一个人懂得希腊语或数学，不能因为他是一位建筑师、兽医、医生或者律师，我们就说他拥有解决特殊问题的特殊能力。所有的政治经济学家都是受过高等教育的，而且大多数都是教授或者院士，但是对于常见的问题——贸易保护、

金本位制等——为什么他们在这些问题上成功达成一致呢？其原因在于，他们所掌握的知识只是我们普遍无知的一种非常弱化的形式。对于社会问题，由于其数量是未知的，所以人从本质上来讲都是同样无知的。

因此，如果选民只由有学识的人组成，那么他们的投票结果也比目前好不到哪里去。基本上，人们会受到其情绪和党派精神的支配。我们将要面对的困难都是不可避免的，而且我们必定要承受社会等级专制的沉重压迫。

无论群体的选举权是受限的还是普遍的，无论其实施的整体是共和制还是君主制，无论是在法国、比利时、希腊、葡萄牙还是在西班牙，在所有地方都是一样的；而且，所有的话语与行为都是种族无意识意愿的表达。在每一个国家，那些被选出来的人的普遍观点就是种族的天赋特征，而且这种特征在后代那里也不会出现较为明显的改变。

由此可见，我们再一次遇到了种族的基本概念这个问题，而且这个问题也经常会出现。此外，通过这个问题我们还得到了另一个概念，也就是第一个概念的结果，即制度和政府在一个民族的生活中只发挥很小的作用。各民族主要受到他们种族天赋特征的支配，也就是遗传下来的品格，而天赋特征就是这些品格的总和。种族和我们日常必需品的奴役都是决定我们命运的神秘主因。

第五章　议会

提要：议会群体代表了无名称异质群体中的相同特征/他们观点的简单性/他们的暗示感受性和局限性/他们的坚不可摧、固执己见以及他们观点的多变性/他们是选举大会的真正主人，而且因为这个缘故，他们也是少数人之一/他们所执行的绝对权力/他们演说艺术的要素/词组和图像/群体领袖在群体固执己见且心胸狭隘时的心理必要性/没有威望的演讲者所做出的论证不可能会获得认同/议会成员好坏情况的夸张/在某些时候他们会变得主动/国民公会的设定/群体失去其特征的大会实例/当出现技术问题时专家的影响/所有国家中议会系统的优势和危险之处/适合于现代需求；但是涉及财政浪费和劳动力的逐步缩减/结论

关于议会，我们有一个无名称异质群体的实例。尽管各个时代、各个民族中议会成员的选举方式各不相同，但是他们所表现出来的特征却非常相似。在这种情况下，种族的影响会削弱或增强群体的共同特征，而不是阻止他们将这些特征表现出来。很多国家的议会都存在着较大的差别，比如希腊、意大利、葡萄牙、西班牙、法国和美国，但这些国家议会在争论投票方面都表现出很大的相似性，而这些

政府也因此而面对着同样的难题。

此外，议会制度代表了所有现代文明民族的理想。制度是思想的表达，这种观点在心理学上看来是错误的，但却是大家都普遍接受的："即在某个既定问题上，一大群人比少数人更有能力做出明智而独立的决定。"

议会中群体的普遍特征包括：智力简单、易怒、暗示感受性、情绪的夸张和少数领袖的压倒性影响。然而，由于他们的特殊构成，议会群体也表现出了一些明显不同的特征，我们接下来将对这些特征进行简单说明。

在群体中，最重要的特征就是他们观点的简单化。就所有党派而言，到目前为止，尤其是对于拉丁民族而言，这种群体的不变趋势就是，通过最简单的抽象原则和适用于所有情况的普通法律来解决最复杂的问题。自然，这些原则随党派的不同而不同；但是仅因为个体是群体成员的这一事实，他们就总是会倾向于夸大他们原则的价值，并且通常会产生极端后果。因此，议会的决议便成了代表们最极端观点的整合。

议会所特有的关于观点天真简单化的完美实例就是法国大革命中的雅各宾派人士。雅各宾派接人待物比较武断且没有逻辑性，而且他们的大脑中充满了模糊的概论，他们忙于运用固定的原则，但是却不关心他们自身所参与的事件。有人曾非常公正地指出，他们虽然经历了革命，但是他们并没有见证革命。在每一个非常简单且作为他们向导的教条的帮助下，他们在想象中认为自己可以从上到下地重新塑造出一个新社会，并使高度精致的文明退回到社会演变过程的早期阶段。他们为实现这一目标而采取的方式带有同样的绝对天真的印记。事实上，他们将自己限定于摧毁所有挡住其前进道路的阻碍。而且，所有的党派——比如吉伦特派、山岳派和热月派等——他们所受到的精神鼓舞都是相同的。

议会群体非常容易受到暗示的影响；而且，如同在所有群体中一样，这些暗示都来自于享有声望的领袖；但是议会的暗示感受性有着非常明确的限制，而且指出这一点是很重要的。

在关于所有地方和区域利益的问题上，议会的每一个成员都有固定不变的观点，而且他们的观点也不会因为任何论证而动摇。在关于贸易保护或蒸馏酒特许权这种涉及有影响力选民利益的问题上，

即使是天资卓越的德摩斯第尼（Demosthenes）[①]也无法改变议员们的投票。这些选民所释放出来的暗示以及在投票前所接收到的暗示，比来自于他们任何来源并要求他们废除贸易保护或蒸馏酒特许权的暗示都要更加重要，而且他们也会保持意见的绝对稳定性[②]。

在一般问题——内阁的解散、征税等方面，议员们的观点不再保持不变，而且尽管与普通群体的方式不同，但是领袖的暗示也能产生影响。每一个党派都有自己的领袖，他们有时拥有同样的影响力。结果是，议员们会发现自己置身于两种对立的暗示之中，而且他们将不可避免地陷入犹豫的深渊。这就解释了为什么我们会看到议员在一刻钟的时间里会投出相反的票，或者会为一部法律添加一项无效条款；比如取消劳动雇主选择和解雇他们工人的权利，然后通过一项修正案再宣布这一条款基本无效。

也是因为同样的原因，每一届议会都有一些非常稳定的意见，但其他问题方面的意见却非常多变。在整体上，常见问题越多，议会成员就越是优柔寡断——因为选民们经常担心，另外他们所接收到的暗示都是潜藏起来的，而且这些暗示还倾向于抵消领袖的影响。

然而，在不计其数的讨论会中，在关于议会成员没有强烈先入观

---

① 德摩斯第尼（公元前384—前322），古希腊政治家，伟大的演说家。

② 一位资深英国议员的如下思考，毫无疑问也适用于这种事先确定的、不会因争取选票的考虑而改变的意见：“我坐在威斯敏斯特（英国议会所在地）的50年间，我听过上千次演说，但是它们很少能使我改变看法，它们没有一次改变了我的投票。”

点的问题上，领袖依然是绝对的主人。

这些领袖的不可或缺性是显而易见的，因为在他们以会议团体领袖的名义出现在各个国家的议会之中，他们是议会的真正主人。如果没有了主人，组成群体的人便什么也做不了，由此我们可以得出一个结论：通常情况下，议会的投票只代表少数人的观点。

领袖的影响力仅在很小程度上受到他们所使用论证的影响，而在很大程度上受到他们所享有威望的影响。这一点的最好证明就是，一旦他们在任何情况下失去威望，他们的影响力也会随之消失。

这些政治领袖的威望是他们个人所有的，而且不受其头衔或名誉的支配：关于这一点，朱尔·西蒙（Jules Simon）[①]先生在谈到他作为议员参与的1848年议会的时候，为我们提供了以下非常有趣的例子：

> 在两个月之前，路易·拿破仑（Louis Napoleon）还是无所不能的，但是现在他完全变成了一个无足轻重的普通人。
>
> 维克多·雨果（Victor Hugo）登上了讲台，但是他却没能获得成功。人们就像听费利克斯·皮亚（Félix Pyat）讲话一样听他演讲，但是他并没有获得像皮亚那么多的喝彩。说起费利克斯·皮亚，沃拉贝尔（Vaulabelle）对我说："我不喜

① 朱尔·西蒙（1814—1896），法国政治家、激进思想理论家，两度当选议员，1876 年一度担任总理。

欢他的想法，但是他是法国最伟大的作家和伟大的演说家之一。”再说说埃德加·基内（Edgar Quinet），尽管他智力超群，但是他并没有获得人们的尊敬。在议会召开之前，他也曾在一段时间非常受欢迎，但是在议会中，他却一点儿都不受欢迎。

天才的光辉让他在政治会议中比其他任何地方都要黯然失色。他们只注意与时间和地点相适宜的雄辩术以及党派服务，而不是为国家服务。想要获得拉马丁（Lamartine）和梯也尔分别在1848年和1871年所获得的那种尊敬，就必须以迫在眉睫且不为所动的利益为刺激。一旦危机过去，议会就会在同一瞬间忘记其感激和惊恐。

我之所以会引用上面这些片段，是因为其中所包含的是事实，而不是解释说明，因为从心理学上来看，这些解释都有些无力。无论是为党派服务还是为国家服务，如果群体对其领袖的服务报之以信任，那么这个群体就会立即失去他们群体的特征。

在群体领袖所享有威望的影响下，群体就会服从于其领袖，而且他们的这种服从不受任何利益情感或感激的支配。

因此，群体的领袖便被赋予了足够的威望，这种威望几乎等同于绝对权力。一位著名议员因为某些金融事件而在大选中竞选失败，但由于他享有较高的威望，他还是在较长的服务年限期间中发挥了巨大的作用。他只要给出指示信号，就可以让内阁解散。一位作家曾明确说明了他行为的影响范围，如下：

> 主要是因为X先生，我们才付出了三倍于东京一事惨烈程度的代价，我们才无法在马达加斯加获得一片立足之地，我们才在南尼日尔被人骗去了一个帝国，我们才失去了在埃及的优势地位。相对于拿破仑所造成的灾难而言，X先生的理论让我们失去了更多的疆土。

对于上面提到的这位领袖，我们也不必过于怨恨。他让我们所付出的代价着实令人心痛；但是他强大的影响力在很大程度上也要归因于他在殖民地事务上顺应了公众的意见，不过当时的公众意见与现在比起来相去甚远罢了。群体的领袖很少会超前于公众的意见；他们的所作所为都是为了顺应公众的意见并支持他们的所有错误意见。

我们所说的这位领袖所采用的说服方法，除了其威望之外，还包含我们已多次列举的那些因素。为了充分利用这些资源，群体领袖必须理解，至少是以无意识的方式理解群体的心理，而且必须知道如何同他们讲话。群体领袖尤其应该意识到，词语、词组和图像都拥有迷人的影响力。领袖应该掌握一种特殊的雄辩术，包括有力的肯定——无须证据证明——以及令人印象深刻的形象，同时伴随非常简明扼要的论证。

这种雄辩术在所有议会，包括英国议会中随处可见，在所有的事情当中，这是议会中最严肃的一件。英国哲学家梅因（Maine）表示：

在下议院辩论的相关材料中，我们总是会看到整个讨论会仅限于乏味概念的交流以及相当暴力的人身攻击。这种一般描述的惯用语对纯粹民主的想象产生了惊人的影响。它总是会让群体很容易就接受通过引人注目的词语呈现出来的一般断言，然而这些断言或许从未得到过验证，或者也无法验证。

关于上述“引人注目的词语”，我们无论把它说得多么重要都不为过。关于词语和惯用语的特殊力量，我们已多次提到了对其的坚定认可。为了唤起生动形象的图像，我们必须通过这种方式进行选择。下列词组均选自我们议会中领袖的演讲内容，在此可作为绝佳的例证：

当船舶改变航道并驶向我们用于惩罚殖民地人们的热病泛滥的土地时，声名狼藉的政治家和犯有谋杀罪的无政府主义者，这一对能促膝长谈的兄弟，对于彼此而言就像是两个互补的方面，而且他们还有着同样的社会地位。

因此，这种表达所唤起的图像应该非常生动，而且演讲者的所有竞争对手都会感到自己受到了威胁。他们想象出了那个热病泛滥的国度，还有那艘能带他们离开的船；因为他们不可能包含在定义不明确的政客类别之中吗？他们经历了潜藏已久的恐惧，就像当年罗伯斯庇尔威胁要将国民会议的人送上断头台时议会成员所感到的那般恐惧，而正是在这样的恐惧下，他们不约而同地向罗伯斯庇尔俯首称臣。

沉溺于最不可信的夸张之中完全符合群体领袖的利益。我刚才所提到的演说家能够在不引起强烈反对的情况下做出断言：银行家和牧师都为那些投放炸弹的人提供了资金，而且，大型金融公司的人应该得到像无政府主义者一样的惩罚。这种断言对于群体而言总是非常有效。这种断言从来都不会过于暴力，这种雄辩从来都不会过于造成威胁感。如果想恐吓群众，没有什么能比这样的话更加有效。如果他们抗议的话，那些在场的人就会像对待叛徒或共犯一样将他们打倒在地。

正如我所说的，这种风格特殊的雄辩已经在所有会议中发挥着至高无上的影响力。在危机时期，它的影响力仍然得到了进一步加强。从这一角度来看，法国大革命时期，伟大演说家在会议上的演讲听起来非常有趣。他们每次一想起什么就必须停下来，因为他们要谴责罪犯并歌颂美德。在这之后，他们会对暴君回击以猛烈的诅咒，并发誓要成为自由人，否则他们宁愿赴死。在场的那些人会站起来并给予其热烈的掌声，然后他们会冷静下来并重新回到座位上。

有时候，群体的领袖可能是一个智力超群且受过高等教育的人，但是在通常情况下，这些良好品格的害处要多于好处。通过展现事情的复杂性，通过允许解释并促进理解，智力卓越的人总会变得任性，而且在很大程度上会使得使徒们所需信念的强度和猛烈程度有所减弱。在各个时代中，尤其是在法国大革命期间，最伟大的群体领袖始终都是一些心智狭隘之人，这是非常令人感到悲哀的；然而，恰恰是那些智力受限的人才发挥着最大的影响。

最著名的人物——比如罗伯斯庇尔——的演讲，经常会因不连贯、不顺畅而让听众大吃一惊：如果仅是阅读这些演讲内容，我们将无法找到这位强大独裁者发挥重要作用的可信解释：

> 教师的老生常谈和冗杂陈词，与其说平凡不如说是幼稚的思想，拉丁文化对其民族的攻击和防范限制就像是学生的挑衅态度。
>
> 这既不是一种思想，也不是一种精彩的措辞，或者是一次很好的打击：一场雄辩的暴风雨留给我们一片孤寂。在有过一次这种不愉快的阅读经历之后，一个人会忍不住同和蔼的卡米尔·德穆兰（Camille Desmoulins）一起大喊一声“哦！”

有时候，一想到强烈信念和极端狭隘思想的组合力量所给予人的那种威望的力量，我们就会感到十分可怕。如果一个人想无视障碍并在很大程度上展示出意愿的力量，那么还是有必要满足这些条件的。群体会本能地将那些充满精力和信念的人看作他们一直需要的主人。在议会会议上，演讲的成功几乎仅依赖于演说者的威望，而不是他所提出的论证。关于这一点，最好的证明就是，当一个人因为各种各样的原因而失去其威望的时候，他同时也失去了所有的影响力。也就是说，他失去了根据意愿投票的影响力。

当一个籍籍无名的演说者踏上讲台并开始一段包含了良好论证但却仅有论证的演讲的时候，他能得到的唯一机会就是让大家听听而已。一位有洞察力的心理学家，德索布（Desaubes）议员近期为一位缺乏威望的议员做出了如下刻画：

> 当他站上讲台的时候，他从公文包中拿出一份文件，接着有条不紊地展开，然后开始信心十足地演讲。
>
> 他自以为会通过自己的演说将其信仰灌输到听众的思想之中。他十分重视而且一遍遍地审视自己的论证；他准备好应对任何数字和证据；他确信自己能说服听众。在他为听众所提供的证据面前，所有的反对都将变得无效。他开始对他的理由十分有信心，而且依赖于他的唯一焦虑——同事们的关注，而这些人的关注点当然是赞同他的真理。
>
> 他开始演讲，并立即被大厅中人们的躁动所震惊，而且他对人们发出的噪声感到有点儿气恼。
>
> 为什么他们不能保持安静？为什么他们会如此漫不经心？那些交谈着的议员们在想些什么？是什么紧急原因使那位议员离开自己的座位？
>
> 他的脸上浮现出一丝不安；他眉头紧皱并停了下来。在议

长的鼓励下，他开始演讲并提高了声音。但是，这次听他讲话的人更少了。他特意强化了自己的措辞，而且还加上了一些手势。他周围的噪声越来越大。他再也听不到自己的声音，并再次停下来；最终，由于担心他的沉默会引起可怕的喊叫声：“下去！”于是他又继续下去。但是，吵闹声却让人无法承受。

当议会达到一定兴奋程度的时候，他们就会变得与普通的异质群体无异，而且他们的情绪也因此而始终表现出极端的特征。之后，我们会看到他们或许会表现出伟大的英雄主义行为，或者会发生最坏的状况。这个个体不再是他自己，而且在这种情况下，他绝对会投出不利于其个人利益的一票。

法国大革命的历史表明了群体失去他们的自我意识并服从于违背他们利益暗示的程度。对于贵族们而言，放弃自己的特权是一种巨大的牺牲，但是在召开立宪会议的那个著名夜晚，他们毫不犹豫地这么做了。通过放弃他们神圣而不可侵犯的权利，国民议会的成员们将他们自己置于一个永久受到死亡威胁的位置，然而他们却选择了这一步，并且不畏惧屠杀自己阶层的人，尽管他们都十分清楚，今天他们将自己的同事送上断头台，明天就可能是他们自己的结局。事实上，他们已经进入了我在其他地方所谈到的完全不由自主的状态，而且没有什么能让他们从对其催眠的暗示中走出来。下列这段文章出自于比约·瓦莱纳（Billaud Varennes）关于他们故事的回忆录，是这种情况的一个典型实例。他说：“我们一直都在反复责备自己的决定，并不是我们在两天、一天之前所渴望的那种决定：导致这些发生的是危机，而不是其他。”没有什么能比这段描述更加精确了。

在国民公会狂风骤雨般的议会开会期，同样的无意识现象还有很多。泰纳指出：

> 他们所恐惧的那些经过批准并颁布的措施不仅仅是愚蠢的，而且是犯罪：谋杀无辜的人以及谋杀他们的朋友。在右派人士的支持下，左派人士在一片热烈的掌声中一致同意将其首领以及革命的伟大发动者和领导者——丹东送上断头台。在左派人士的支持下，右派人士在一片热烈的掌声中一致同意为最差的革命政府的法令投票。在满是赞美与热情的欢呼声中，在对科罗·德布瓦（Collot d'Herbois）、库东（Couthon）和罗伯斯庇尔的热烈同情声中，国民公会自发地重复改选，使这个有杀人嗜好的政府得以保留下来。平原派人士因为杀人嗜好而厌恶这个政府，山岳派人士因为其对本派人士的屠杀而憎恨这个政府。平原派和山岳派，多数派和少数派，他们最终同意帮助彼此完成自杀。牧月22日，整个国民议会都把自己交给了刽子手；热月8日，在罗伯斯庇尔演讲结束后十五分钟，他们再次做出了同样的事。

这些场景可能有些阴郁，但这都是对现实的准确描述。议会中的人激动万分且十分痴迷，他们都有着同样的特征。他们听命于每一种冲动，他们的状态十分不稳定。下面这段描述是关于1848年议会的，来自于斯普勒（Spuller）先生，他是一位对民主有着坚定不移信念的议员。这段文字是我从《文学评论》（*Revue littéraire*）上摘录的，在此可作为一个典型例证。就我之前所提到的群体的所有夸张情绪，以及允许议员在议会期间时不时从一种情绪转变成另一种完全相反情绪的过度多变而言，这段文字是一个很恰当的例子。

> 共和派会因为其分化、嫉妒、怀疑，以及其盲目自信和无限的希望而走向毁灭。它的率直和公正只有其普遍的不信任可比拟。
>
> 缺乏法律观念和对纪律的理解，再加上无边无际的恐惧和幻想；农民和孩子在这些方面都属于同一个层次。他们的冷静和他们的不耐烦相似；他们的凶猛和他们的温顺等同。这种情况是没有经过加工和缺乏教育的自然结果。没有什么能让这样的人感到震惊，但是所有的事情都能让其感到惊慌失措。他们会因为恐惧而发抖，也会像英雄一样勇敢无畏，他们会赴汤蹈火，也会临阵脱逃。
>
> 他们不了解原因和影响，也不知道它们之间的联系。他们会顿时灰心丧气，也会顿时情绪高涨，他们会受到所有惊慌情绪的支配，他们总是会情绪激动或者萎靡不振，但是他们从来都不会见机行事。他们会反映出每一句话语并假设每一种情形，他们的想法比流水还要易变。一个政府需要什

么样的基础才能成为人们所期待的那种政府呢?

幸运的是,议会成员们并不会时常表现出我们刚才所说的所有特征。这些议员仅在某些时刻才构成群体。在大多数情况下,组成群体的个体仍然保留着其个人特征,这就解释了为什么议会能够制定出优秀的技术法律。事实上,这些法律的制定者是专家,他们已经通过充分的研究而做好了准备。而且,这些通过投票表决的法律实际上都是个体的作品,而非议会的成果。自然,这些法律都是最好的。只有当一系列的修订将其变成了群体努力的结果时,这些法律才会产生灾难性的后果。相对于独立个体的作品而言,无论其本性如何,群体的作品总是最劣质的。是专家阻止了议会通过那些不明智的或不可实施的措施。在这种情况下,专家就是一个暂时的领袖群体。议会不会对专家产生影响,但是专家可以对议会产生影响。

尽管困难重重,但是到目前为止,议会依然是人类已发现的最好的政府形式。而且尤其是对于挣脱个人暴政的枷锁而言,这是最好的方式。

此外,无论是对于哲学家、思想家、作家、艺术家还是有学识的人而言——总而言之,对于那些构成文明精华的人而言,议会确实是理想的政府形式。

而且,它们实际上只呈现出两种严重危险,一种是必然的财政浪费,另一种是个体自由的逐步限制。

在这两种危险中,第一种是紧急状态以及选民群体缺乏远见的必然结果。如果一个议会成员提出一项表面看起来符合民主理想的措施，比如说，如果他提出了一项议案，旨在确保所有工人都能获得退休金，确保任何阶层国家雇员工资的上涨，则其他议员，也就是暗示的受害者，就会因为害怕选民而不敢忽视他们的利益而拒绝拟定议案，尽管他们都了解这项议案会为预算带来新的限制，并且会迫使形成新的税种。但是，他们都不可能会在投票时表现得犹豫不决。这些附加支出后果的影响都是非常深远的，而且将不会为他们带来不愉快的后果，但是当进行下一次改选时，投反对票的后果可能会更加清晰可见。

除了增加开支这一个原因以外，还有另一个同样重要的原因——投票赞成所有地方拨款的必要性。一位议员无法对此投反对票，因为这种投票对于选民们而言也是一种紧急状况，而且每一位议员都只能获得他想为自己选区的选民所争取的东西，因此在这种情况下，他就要同意同事们的相似要求[①]。

---

① 1895 年 4 月 6 日一期《经济学家》上发表妙文，评论了仅仅因为竞选上的考虑而造成的主要是铺设铁路方面的开支数量。为了把朗盖耶（一个 3000 居民的山区小镇）和普伊连接起来，表决通过了一条耗资 1500 万法郎的铁路。有 700 万被花在连接博芒特（3500 名居民）和卡斯特尔萨拉金的铁路上，700 万被用在连接奥斯（523 名居民）和塞克（1200 名居民）的铁路上，600 万被用在了连接普拉德和奥莱特村（747 名居民）的铁路上，如此等等。仅仅 1895 年一年，就表决通过了 9000 万法郎用于只对地方有用的铁路。还有另一些也是因竞选考虑而造成的同样重要的开支。据财政部长的说法，对工人的补助加以制度化的法律，很快就会涉及至少每年 1.6 万亿法郎的支出，按院士勒鲁瓦 - 布罗的说法则是 8 万亿。显然，这种开支的不断增加肯定会导致破产。许多欧洲国家——葡萄牙、希腊、西班牙、土耳其——已经走到了这个地步，另一些国家——如意大利——很快也会陷入同样的绝境。在这些事情上危险信号太多了，人们不可能感觉不到。

从表面上来看，上面提到的第二种危险——议会对自由的必然限制——并不是十分重要，但无论如何，这都是真实无误的。这是无数法律——总是采取限制行为——所造成的结果，议会认为他们自己有义务投票赞成，而且这些后果的形成也要归咎于他们没有远见，因为他们的决定在很大程度上都是盲目做出的。

这种危险是真正存在的，也是不可避免的，因为即使是采用了最受欢迎的议会政体的英格兰，代表们在这种制度下也是不受其选民所支配的，因此它也无法摆脱这种宿命。赫伯特·斯宾塞在很久以前出版的作品中已经表明，所谓自由的增加必定紧随着实际自由的减少。在其近期出版的《个体和国家》一书中，他再一次谈到了这一论点。关于英国议会，他的看法是：

> 自这一时期以来，立法一直都遵循我所指出的进程。独裁措施的迅速增加已经不断地趋向于限制个体的自由，而且其表现形式有两种。
>
> 每一年都有大量的法规会制定并颁布，这就对公民之前完全自由的行为施加了约束，而且迫使他完成一些以前可自由根据其意愿选择完成与否的行为。与此同时，公众所受约束的负担越来越重，尤其是地方性负担已经通过减少其可根据自己的选择而花费的费用，以及通过从他那里索取的并根据公共机构的喜好而花费的费用，从而进一步限制了公众的自由。

这种对自由的逐步限制在每个国家中都有表现，但是赫伯特·斯宾塞并没有指出这种限制在每个国家中的特殊形式；正是因为这些数不胜数的一系列立法措施的通过——它们一般说来都是一种限制性法令——才导致了关于负责实施这些法令官员的数量、权力和影响的争论。这样的话，这些官员会倾向于变成文明国家真正的主人。他们的权力会因为权力的不断转移、唯独行政等级的人没有受到这些变化的影响、他们无须承担责任、可以保持客观冷静并获得永恒等这些事实而变得更加强大。在这三重形式下，没有什么能比它更具暴虐的专制主义特征了。

限制性法律和法规的不断出台，用最复杂的形式将人们生活中的琐碎行为重重包围，这就不可避免地导致了公民们本来尚属自由的行为被限制在一个愈加狭窄的范围之内。国民们都是这种错觉的受害者，他们以为法律可以更好地确保平等和自由，但事实上他们所承受的枷锁却日益沉重。如果不接受这种立法，他们就会受到惩罚。此后，他们便习惯了忍受每一种枷锁，然后很快会希望通过奴役来结束，同时也失去了所有的自发性和经历。然后，他们都只不过是一群幻影，是一群消极、不反抗而且无力的机器人。

到了这种地步之后，个体注定要从自身之外寻找他已不再拥有的那些力量。随着公民冷漠与无助境况的加重，政府的职能必然会按照一定的比例增加。随后，政府必定会表现出独立个体所缺乏的主动性、进取心和引导精神。政府要承担所有的事情，引导所有的事情，并让所有的事情都在其保护之下。这样，政府就变成了无所不能的神。但是经验表明，这种神的力量既不可长久维持，也不是十分强大。

对于某些民族而言，尽管从表面看来他们仍然拥有自由，但这种对所有自由的逐步限制的错觉看起来就是特殊制度的产物，同他们的逐年老去所带来的结果是同样的道理。这种限制构成了衰败时期的前期征兆之一，而且到现在为止，还没有一种文明可以逃脱这种衰败的命运。

根据过去的经验教训以及各方面的突出征兆来判断，我们现代的几种文明已经达到了衰败之前极端衰老的时期。所有的民族都要经历这段同样的时期，这似乎是不可避免的，因为历史似乎总是重复这样的过程。

我们很容易就能注意到文明演进的这些相同的阶段，而且我将对此进行简单概括并结束这本书，这幅快速绘制的草图或许将帮助我们更清楚地理解群体目前所拥有这种力量的原因。

如果我们沿着之前文明演进的主线以及文明更替的历史兴衰进行研究，我们会看到什么呢?

在文明的曙光照耀大地之时，一大群不同出身的人因为移民、入侵和征服而聚集到了一起。他们的身上流淌着不同的血液，他们讲着不同的语言，他们执着于不同的信仰，他们唯一的共同纽带就是某个首领没有完全得到承认的法律。目前，鱼龙混杂的人口密集地带在很大程度上也会表现出群体的这些心理特征。他们有着短暂的群体凝聚力，群体的英雄主义、弱点、冲动以及暴力特征。在与他们有关的所有事物中，没有什么是稳定的。他们都是野蛮人。

最终，时间完成了它的工作。周围环境的一致性，种族的重复混合以及共同的生活必要性发挥了它们的作用。不同的单位开始组合成一个整体，以形成一个种族；也就是说，他们因遗传而得来的共同特征和情感的聚合将使得他们的集体变得越来越稳定。随后，群体变成了一个种族，而这个种族则能够脱离其野蛮状态。但是，只有经过长期努力和反复挣扎以及无数次的重新开始并获得一种理想之后，群体才能完全脱离其野蛮状态。这种理想的本质并不重要；无论是罗马的崇拜、雅典的鼎盛或者安拉的胜利，它们都足以为种族的所有个体赋予情感与思想的完美统一。

在这一阶段，可能会形成一种新文明，同时还伴随着其制度、信仰和艺术。在追求理想的过程中，种族将陆续获得赋予其光辉、力量和威严的必要品质。毫无疑问，有时候种族仍然是一个群体，但是从今以后，你会在其易变和多变的群体特征之下发现一个坚固的基础，即种族的天赋特征，它将民族的转变限制在狭窄的范围之内，并否决了它的发展机会。

在执行完其创新行为之后，时间便开始发挥破坏作用，而无论是神还是人都无法全身而退。当一种文明达到一定的强大程度及复杂度之后，它就会停止发展，而且在停止发展之后，它就会迅速衰败。然后，代表着它进入暮年的时钟便敲响了。

这种不可避免的时刻总是以作为种族支柱的理想的衰弱为标志。随着理想的逐渐衰弱，所有由这种理想而激发出的宗教、政治和社会结构也会开始摇动。

随着其理想的日益消亡，种族也逐渐失去了使其拥有凝聚力、统一性和力量的品质。个体的个性和智力可能会增长，但与此同时，种族的这种集体主义就会被个体过度发展的自我主义所代替，同时还伴随着群体特征的衰弱以及行为能力的削弱。

最初构成民族、统一体这一整体的那些要素，到最后变成了缺少凝聚力的个体集合体。在这一阶段，人会因利益和愿望而分开，而且再也不能进行自我管理。他们需要有人为他们的琐碎行为提供指导，因此国家便发挥了巨大的作用。

随着古老理想的完全消失，种族的天赋特征也完全丧失了；它只不过是一群独立的个体，而且还回归到了原始的状态——群体。没有一致性也没有特性，这个群体有的只是群体的所有短暂特征。现在的文明没有了稳定性，而且还受到所有可能性因素的支配。民众是至高无上的，而野蛮的潮流则滚滚而来。文明的外表看起来可能依然光鲜亮丽，那是漫长过去所完成的杰作。但实际上，文明就是一座将要成为废墟的建筑物，没有任何支撑，而且注定要在其遇到的第一场狂风骤雨中崩塌覆灭。

在经过了从野蛮到文明状态理想的探寻过程之后，这种理想在失去美德时便走向了衰败与死亡，一个民族的生命周期也是如此。